走进医学汉语

医学汉语·初级 I
语言过渡篇

主　编　陈　骥　吕　彦

副主编　谢　爽　严　梅　王春燕

编　委　（按姓氏笔画排列）

　　　　王春燕　木　塔　吕　彦

　　　　严　梅　李　庆　李福梅

　　　　吴铭泽　张雨欣　陈　骥

　　　　谢　爽

四川大学出版社
SICHUAN UNIVERSITY PRESS

图书在版编目（CIP）数据

医学汉语. 初级. Ⅰ: 语言过渡篇 / 陈骥，吕彦主编. -- 成都：四川大学出版社，2024.8. --（走进医学汉语）. -- ISBN 978-7-5690-7099-6

Ⅰ. H195.4

中国国家版本馆CIP数据核字第2024KR4197号

书　　名：	医学汉语・初级Ⅰ（语言过渡篇）
	Yixue Hanyu・Chuji Ⅰ（Yuyan Guodu Pian）
主　　编：	陈　骥　吕　彦
丛 书 名：	走进医学汉语

丛书策划：	周　洁
选题策划：	周　洁
责任编辑：	周　洁
责任校对：	敬雁飞
装帧设计：	墨创文化
责任印制：	王　炜

出版发行：	四川大学出版社有限责任公司
地　址：	成都市一环路南一段24号（610065）
电　话：	（028）85408311（发行部）、85400276（总编室）
电子邮箱：	scupress@vip.163.com
网　址：	https://press.scu.edu.cn
印前制作：	成都墨之创文化传播有限公司
印刷装订：	成都市新都华兴印务有限公司

成品尺寸：	170 mm×240 mm
印　　张：	7.75
字　　数：	114千字
版　　次：	2024年8月 第1版
印　　次：	2024年8月 第1次印刷
定　　价：	36.00元

本社图书如有印装质量问题，请联系发行部调换

版权所有 ◆ 侵权必究

扫码获取数字资源

四川大学出版社
微信公众号

前言 preface

"走进医学汉语"系列教材由成都中医药大学外语学院牵头，外语学院汉语国际教育教研室及医学英语教研室的一线教师，以及公共卫生学院、临床医学院和药学院／现代中药产业学院的教师和医生共同编写而成，是一套涉及中西医医学知识的中文国际专业汉语教学教材。

"走进医学汉语"系列教材分为初级"语言过渡篇（上下册）"、初级"医学入门篇"、中级"医学语言篇"和高级"医学语言篇"，共五册。本系列教材的课文和生词从日常生活语言逐渐过渡到医学专门用语，可在一定程度上缓解学习者因突然接触大量医学术语而产生的压力。本系列教材所教授内容不仅适用于医学领域，在日常生活中也可运用，是一套较为实用的医学汉语教材。

适用对象

"走进医学汉语"系列教材适用于具有一定汉语基础的医学留学生，可供来华学习中医专业、中西医结合专业及短期培训的医学留学生，以及来华工作的医务人员、有汉语学习需求的海外医学生使用。

总体介绍

"走进医学汉语"系列教材的课文内容采用专项语言技能训练的教材编写模式，纵向上分为过渡（上下册）、入门、中级、高级四个层级，共五册；采用循序渐进的方式，从日常生活中的常见病名和病症入手，涉及中国医学生的实际学习、生活、实习等方面的场景，然后逐渐过渡到医学语言的学习。因此，母语为非汉语的医学生在使用本教材时，不仅能学习专业的医学术语，也能提升日常生活中的汉语交流能力。

以本册为例，本册分为"适应篇""学校生活篇""医学学习篇"三个部分，包括十四篇课文和一篇总复习。每篇课文包括"热身""生词""课文""语法""课后练习"五个版块。其中每课开头"热身"版块的词汇均为常用的或前一篇课文中已学过的医学词汇，因此"热身"这个版块使每课前后衔接，强化教材内容的连贯性和整体性。

教材目标

本系列教材的目标是帮助母语非汉语的医学生从日常生活的汉语学习过渡到医学汉语的学习，循序渐进地掌握医学知识的汉语表达方式，包括：病名、症状、医患及医护间的交流、仪器的使用以及较为专业的医学术语表达。利用本系列教材，学习者可以更加有效地提升医护方面的汉语交流能力，对今后实习、留在中国从事医护工作或回国从事相关工作都有实际的应用价值。

编写特点

◎根据母语非汉语的医学生学习汉语的实际需求，本系列教材的编写既注重医学知识，也注重生活交际。

为了满足来华医学留学生、海外有来华学医打算的学生或自学汉语的医学生的学习需求，帮助他们顺利学习汉语、适应目的语国家的生活，本系列教材内容的安排既考虑到医学留学生的日常生活，如同学之间的对话、师生对话、学生在校医院看病、熟悉校园、在医院见习等，也根据需要适当增加跟中医相关的对话，让学习者从实际的场景中体验中医特色，帮助其适应在中国医学院校的日常生活。

为了突出实用性，教材中的对话内容都来自真实的生活场景，尽量做到了日常生活语言与专业医学语言融合。学习者可以将在教材中所学的汉语及中医学知识运用到生活中，做到所学与实践相互印证、相互促进。中医相关内容不仅可以在医学场景中使用，也可以在生活中使用。

◎根据医学生的语言学习需求，遵循语言学习的规律，注重语言知识与专业知识的过渡、衔接与融合。

本系列教材的编写遵循语言学习的规律。很多常见病名和病症既是专业术语，也是生活中的常见词汇，因此我们以这类病名和病症作为学习的起点，再逐渐过渡到医学专业术语的学习。这样的编排方式不仅可以避免学习者因短时间内接触大量的专业术语而产生排斥感，也有较强的实用性。

◎以中国医学院校和医院的常用交际场景为主线，着重训练医学留学生的汉语听说能力。

医学留学生对汉语能力的需求有其特殊性，他们需要跟中国的病人、医生、护士等进行病情方面的交流。对于他们来说，听说能力非常重要，因此本系列教材十分强调听说能力的训练。

本系列教材由成都中医药大学多个学院的教师共同编写。从思路的提出、材料的搜集到内容的撰写，团队成员都投入了大量的时间与精力。正是因为有了这份通力合作，本系列教材才有了完成的可能，谨此向团队成员表示衷心的感谢！

使用建议

教师在使用本教材时，请先参考以下建议以确保获得最佳的教学效果：

①请提前熟悉教材内容，了解学科的目标和要求，以便更好地指导学生学习。

②根据学生的学习情况合理安排教学进度，适当扩展或精简教学内容。

③设计多样化的教学活动，如检验、讨论、角色扮演等，提高学生的学习兴趣和参与度。

④词汇讲解不需要太多扩展，以记忆为主，完成课文和课后练习即可。

⑤语法讲解宜简单适度，与综合课的"精讲多练"要有所区别，学生能在当篇课文中理解即可，不宜讲得过深、过难。

⑥建议采用听说课课型进行讲授。

目录 contents

第一单元　适应篇　001

第一课　新生活　002

第二课　我的肚子不舒服　010

第三课　我有点儿睡不着　017

第四课　这里的冬天有点儿不一样　024

第五课　泡脚很舒服　031

第二单元　学校生活篇　037

第六课　我有一个学中医的朋友　038

第七课　锻炼身体　045

第八课　最近容易累　053

第九课　喝热水、拔火罐　059

第十课　参观学校植物园　066

第三单元　医学学习篇　073

第十一课　端午节的香囊　074

第十二课　人体器官　081

第十三课　伤口感染　087

第十四课　打针输液　094

总复习　101

词汇表　106

第一单元

适应篇

第一课 新生活

◎ 热身

yī yuàn	hù shi	yī shēng	bìng rén
医 院	护 士	医 生	病 人
guà hào	shōu fèi	zhù yuàn	chū yuàn
挂 号	收 费	住 院	出 院

◎ 生词

本来　běnlái　*adv.*　at first; originally

科　kē　*n.*　department; a branch of academic or vocational study

既然　jìrán　*conj.*　since

课文一

王华：在中国生活两年了，习惯这里的生活了吗？

阿德：不但习惯了，而且已经爱上这里的生活了。我本来打算读完本科就回国找工作，但现在我想考研究生。

王华：你想考哪一科的研究生？

阿德：儿科，我很喜欢小孩，所以特别想当一名儿科医生。

王华：既然你有这个打算，就要早点儿做准备。

阿德：我现在已经开始准备了，我准备今年考HSK5。

王华：加油！

◎ **语法**

1. "了"

（1）It is a past tense particle used after verbs and adjectives. 表示已经发生的动作，一般在动词和形容词的后面。

例如：习惯了　　习惯了辣的饭菜

　　　喝了　　　喝了药

　　　吃了　　　吃了饭

（2）A modal particle that indicates something happened, usually placed at the end of a sentence. 表示事件已经发生，一般在用在句末。

例如：下雨了。

　　　习惯这里的生活了。

　　　爱上这里的生活了。

2. V+ 上 +O：This structure refers to a change of state. 表示状态的改变。

例如：我爱上她了。

　　　这个贫穷的村庄终于用上电了。

　　　饿了好几天，他终于吃上饭了。

3. 科：department

例如：儿科 Pediatric Department

病理科 Pathology Department

产科 Obstetrics Department

◎ 生词

感冒	gǎnmào	v.	catch a cold/flu
症状	zhèngzhuàng	n.	symptom
咽喉	yānhóu	n.	laryngopharynx; throat
疼痛	téngtòng	v.	pain
咳嗽	késou	v.	cough
鼻子	bízi	n.	nose
量	liáng	v.	measure; size up
温度计	wēndùjì	n.	thermometer
药房	yàofáng	n.	pharmacy
好像	hǎoxiàng	adv.	seem; look like

课文二

阿德：王华，明天我们一起去打球吧。

王华：我很想去，可是我好像感冒了，可能明天去不了。

阿德：可以说一下你的症状吗？

王华：咽喉疼痛，咳嗽，鼻子不通。

阿德：有没有发烧？

王华：我还没有量体温。

阿德：我这里有温度计，我给你量一下体温……36.8℃，没有发烧，多喝水，多休息一下。对了，你有消炎药吗？

王华：我一会儿去药房买。

阿德：那明天你就好好休息吧。

王华：好的，谢谢。

◎ 语法

V+ 不 + 了（liǎo）+O：This structure indicates that for some reason someone cannot do something. 表示因为某种原因某人做不了某件事。

例如：我牙疼，吃不了糖。

我腿疼，走不了路。

我生病了，打不了球。

◎ 生词

持续	chíxù	v.	sustain
扁桃体	biǎntáotǐ	n.	tonsil
血常规检查	xuèchángguī jiǎnchá		blood routine test
检测	jiǎncè	v.	check and measure
报告	bàogào	v./n.	report
病毒	bìngdú	n.	virus
感染	gǎnrǎn	v.	infect
消炎药	xiāoyányào	n.	antibiotics
退烧药	tuìshāoyào	n.	antipyretic
炎症	yánzhèng	n.	inflammation

课文三

王华：阿德，今天我量了一下体温，我发烧了，38℃。

阿德：我陪你去医院吧。

王华：好的，谢谢。

（到了医院）

医生：你身体哪里不舒服？

王华：我有点儿发烧，咳嗽，咽喉疼痛，鼻子不通。

医生：这个症状持续几天了？

王华：应该是昨天开始发烧的，咳嗽、咽喉疼痛和鼻子不通已经有三天了。

医生：我看一下你的咽喉，请把嘴张开。你的扁桃体有点儿发炎，去做一个血常规检查吧。

（做完血常规检查）

王华：医生，这是我的检查报告。

医生：你有一点儿病毒感染，有一些炎症，我给你开一点儿消炎药和退烧药吧。

王华：好的，谢谢医生。

◎ **语法**

1. V+ 开：separate two objects

   例如：张开　　把嘴张开

   　　　打开　　把门打开

   　　　拉开　　把窗帘拉开

2. 药名构成

   （1）symptom+ 药

例如：感冒药

跌打损伤药

（2）the function of medicine + 药

例如：消炎药

退烧药

止痛药

◎ **课后补充材料**

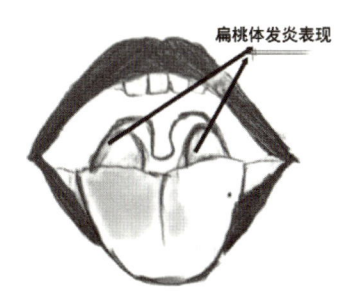

扁桃体炎表现（双侧扁桃体发红肿大）

血常规			
项目名称	检查结果	参考值	单位
白细胞 (WBC)	7.51	3.5-9.5	10^9/L
中性粒细胞数 (NEUT#)	4.88	1.8-6.3	10^9/L
淋巴细胞数 (LYMPH#)	2.14	1.1-3.2	10^9/L
单核细胞 (MON#)	0.35	0.1-0.6	10^9/L
嗜酸性粒细胞 (EO#)	0.12	0.02-0.52	10^9/L
嗜碱性粒细胞 (BASO#)	0.02	0-0.06	10^9/L
中性粒细胞百分比 (MEUT%)	64.9	40-75	%
淋巴细胞百分比 (LYMPH%)	28.5	20-50	%
单核细胞比率 (MO%)	4.7	3-10	%
嗜酸性粒细胞百分比 (EOS%)	1.6	0.4-8.0	%
嗜碱性粒细胞百分比 (BAS%)	0.3	0-1.0	%
红细胞 (RBC)	5.63 ↑	3.8-5.1	10^12/L
血红蛋白 (HGB)	108 ↓	115-150	g/L
红细胞压积 (HCT)	35.3	35-45	%
平均红细胞体积 (MCV)	62.7 ↓	82-100	fL
平均红细胞血红蛋白量 (MCH)	19.2 ↓	27-34	pg
平均红细胞血红蛋白浓度 (MCHC)	307 ↓	316-354	g/L
红细胞分布宽度变异系数 (RDW-CV)	17 ↑	11.5-14.5	%
红细胞分布宽度 (RDW-SD)	37.2	36.4-46.3	fL

血常规检查报告

◎ 课后练习

一、请熟读下面的句子

1. 咽喉疼痛，咳嗽，鼻子不通。

2. 用温度计量体温。

3. 我看一下你的咽喉，请把嘴张开。

4. 你的扁桃体有点儿发炎。

5. 去做一个血常规吧。

6. 我给你开一点儿消炎药和退烧药吧。

二、选词填空

> 科　　症状　　感染　　持续　　退烧药

1. 咽喉疼痛、鼻子不通都是感冒的（　　　）。

2. 阿德（　　　）发烧两天了。

3. 我给你开一点儿（　　　）吧。

4. 你的扁桃体有一点病毒（　　　）。

5. 我以后希望当一名儿（　　　）医生。

> 通　　报告　　血常规　　扁桃体　　消炎药

1. 你需要做一个（　　　）。

2. 感冒了，鼻子有点儿不（　　　）。

3. 医生这是我的检测（　　　）。

4. 你的（　　　）有一点儿发炎。

5. 你有一些炎症，需要一点儿（　　　）。

三、用下列词语造句

症状 _____

_____

持续 _____

_____

检测 _____

_____

感染 _____

_____

四、用下列词语完成对话

消炎药　症状　嗓子痛　咳嗽　血常规检测　检测报告　发炎

病人：医生，你好，我有点儿不舒服。

医生：请说一下你的_____。

病人：我_____。

医生：你需要做_____。

病人：这是我的_____。

医生：你的扁桃体有点儿_____，我给你开一点儿_____吧。

第二课　我的肚子不舒服

◎ 热身

yān hóu	bí zi	biǎn táo tǐ
咽 喉	鼻 子	扁 桃 体
téng tòng	ké sou	fā yán
疼 痛	咳 嗽	发 炎
wēn dù jì	xuè cháng guī jiǎn chá bào gào	
温 度 计	血 常 规 检 查 报 告	
gǎn rǎn	bìng dú	
感 染	病 毒	
xiāo yán yào	tuì shāo yào	
消 炎 药	退 烧 药	

◎ 生词

| 严重 | yánzhòng | adj. | serious |
| 尤其 | yóuqí | adv. | especially |

课文一

王华： 昨天你怎么没有来上课？

阿德：我肚子有点儿不舒服，所以没来。

王华：那现在怎么样？

阿德：跟昨天一样。

王华：能说一下你的症状吗？

阿德：不想吃东西，尤其不想吃肉。

王华：连肉都不想吃了，看来有一点儿严重。

◎ 语法

"一点儿"和"有一点儿"

（1）"一点儿" can be used by itself as an attribute. When used after an adjective, it shows comparison. 表示程度时，常位于形容词之后，有时也位于动词之后。

例如：快一点儿　　吃饭吃快一点儿。

　　　慢一点儿　　写字写慢一点儿。

（2）"有一点儿" is used as an adverbial before an adjective, expressing that something is undesirable or dissatisfying. 表示程度时，常位于形容词之前，有不太满意的语气。

例如：有一点儿冷　　今天天气有一点儿冷。

　　　有一点儿多　　米饭有一点儿多，我吃不完。

◎ 生词

吐	tù	v.	vomit
预约	yùyuē	v.	make an appointment
胃口	wèikǒu	n.	appetite
力气	lìqi	n.	power

不愧　　　búkuì　　　*adv.*　deserve

课文二

王华：今天好些了吗？

阿德：没有，比昨天更严重了，不仅肚子痛，还吐了。

王华：吐了？你应该去看医生。

阿德：我预约了今天下午的号。

王华：中午有胃口吃饭吗？

阿德：没什么胃口，但是还是需要吃一点儿东西，不然可能今天下午没有力气去看医生。

王华：下午需要我陪你去吗？

阿德：如果你能陪我去就太好了，不愧是我的好兄弟。

王华：好兄弟就不要这么客气。

◎ 语法

1. 好 + 些：*adj./v.* + 些，"些" means a little bit, and can be used as a polite expression.

　　例如：好些　　我的病好些了。（a little bit）
　　　　　吃些　　请吃些水果吧。（some, a polite expression）

2. 不愧：deserve

　　例如：不愧是我最好的朋友，我一生病就来陪我了。
　　　　　不愧是画家，画的花鸟像真的一样。

◎ 生词

恶心	ěxin	v.	nausea
呕吐	ǒutù	v.	vomit
持续	chíxù	v.	sustain
特别	tèbié	adj.	especially
炎症	yánzhèng	n.	inflammation

课文三

医生：你身体哪儿不舒服？

阿德：肚子疼，恶心和呕吐。

医生：这样的情况持续几天了？

阿德：大概有三天了，第一天只是肚子疼，到了第二天就开始恶心和呕吐。

医生：这几天吃了什么？

阿德：没吃什么特别的东西，就只和同学一起吃了火锅，喝了一点儿冰啤酒。

医生：有没有拉肚子？

阿德：没有拉肚子。

医生：你去做一个血常规检查吧。

（做完血常规检查以后）

阿德：医生，这是我的血常规检查报告。

医生：你有一点儿炎症，是胃肠炎，我给你开一点儿消炎药吧。

◎ **课后补充材料**

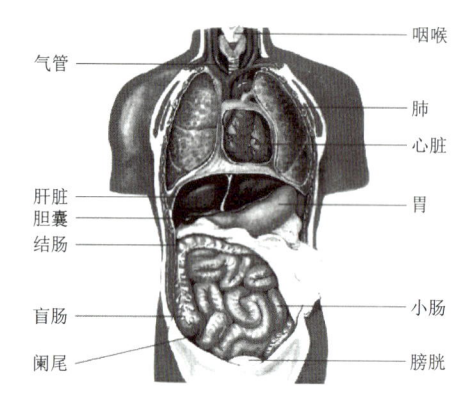

主要的身体器官

（图中标注：咽喉、气管、肺、心脏、肝脏、胆囊、结肠、胃、盲肠、阑尾、小肠、膀胱）

◎ **课后练习**

一、请熟读下面的句子

1. 不想吃东西，尤其不想吃肉。

2. 没有什么胃口吃饭。

3. 第一天肚子痛，第二天开始恶心和呕吐。

4. 做一个血常规检查。

5. 你有肠胃炎。

6. 没有吃什么特别的东西。

二、选词填空

力气　　胃口　　持续　　恶心　　炎症

1. 我感冒了，没有（　　　）吃饭。

2. 已经（　　　）发烧两天了。

3. 我已经没有（　　　）起床了。

4. 你的扁桃体有一点儿（　　　）。

5. 我感觉有点儿（　　　）想吐。

> 吐　　预约　　严重　　呕吐　　特别

1. 病人持续发烧三天了，情况很（　　　）。

2. 我想（　　　）一下王医生。

3. 最近胃口不好，吃了肉有点儿想（　　　）。

4. 病人不想吃东西，有（　　　）的症状。

5. 我感冒了，有点儿咳嗽，（　　　）是鼻子不通。

三、用下列词语造句

恶心　_____

_____

胃口　_____

_____

预约　_____

_____

炎症　_____

_____

持续　_____

_____

四、用下列词语完成对话

> 预约　　吐　　胃口　　恶心　　炎症　　检查报告

病人：医生，你好，我这几天感觉没_____。

医生：你说一下你的症状。

病人：我_____。

医生：你先做一个胃镜检测，做检测前需要_____。

病人：这是我的_____。

医生：你的胃有点儿_____，我给你开一点儿药吧。

第三课　我有点儿睡不着

◎ **热身**

心　　肝　　脾

胃　　肾　　肺

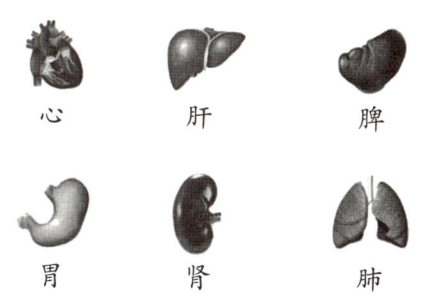

◎ **生词**

适应	shìyìng	v.	adapt
火锅	huǒguō	n.	hotpot
正好	zhènghǎo	adv.	just in time; coincidentally
碰头	pèngtóu	v.	meet

课文一

王华：来中国两年多了，适应这里的生活了吗？

阿德：已经适应了，现在吃火锅肯定不会肚子疼了。

王华：今天下午没课，要不要一起去踢球？

阿德：太好了，我最近正好想运动运动。

王华：我们跟二年级的踢，他们队也有几个留学生，正好可以介绍你们认识一下。

阿德：太好了，几点碰头？

王华：下午三点，操场见面。

◎ **语法**

动词的 ABAB 式："ABAB" is the form of a reduplicated disyllabic verb. It indicates a short action or attempt. "ABAB"是双音节动词重叠形式，表示动作时间短、尝试等意义。

例如：运动——运动运动

我想去运动运动。

打扫——打扫打扫

我要打扫打扫房间。

◎ **生词**

| 黑眼圈 | hēiyǎnquān | | dark eye cricles |
| 按摩 | ànmó | v. | massage |

课文二

王华：今天上课的时候你怎么睡着了？

阿德：这几天我都没怎么睡好。

王华：怎么了？哪里不舒服吗？

阿德：没有，就是晚上睡不好，总是醒，你看我都有黑眼圈了。

王华：看出来了，而且眼睛都是红的，看起来确实没睡好。

阿德：所以，我想问一下，在中国，有没有什么办法可以让我晚上睡好一点儿？

王华：你可以去试一试按摩，按摩以后晚上会睡得很好。

阿德：我来中国之前，听过中国的按摩，我想去试一下。

王华：正好成都中医药大学校医院有，我陪你去吧。

◎ 语法

1. 没怎么 +to do sth.：This structure means one doesn't do something well enough, and the following verb should be "verb+result", such as "睡好""吃饱""休息好". 表示某人做某事没有达到好的程度，通常为"动词 + 形容词补语"的结构。

例如：没怎么 + 睡好：昨晚我没怎么睡好。

没怎么 + 吃饱：今天中午我没怎么吃饱。

2. 看出来了：This structure means one can see it. It starts a topic and follows the pervious text. 表示"很明显"，通常用于回应，表示听话者能看出来。

例如：A：我昨晚没怎么睡好。

B：看出来了，你有点儿累。

◎ 生词

经络	jīngluò	n.	main and collateral channels
穴位	xuéwèi	n.	acupoint
推拿	tuīná	v.	massage

按摩	ànmó	v.	massage
提	tí	v.	pinch and pull upwards
捏	niē	v.	knead with the fingers
揉	róu	v.	rub with the fingers
精神振奋	jīngshén zhènfèn		lighten up; feel refreshed
促进睡眠	cùjìn shuìmián		promote sleep
代替	dàitì	v.	replace
患者	huànzhě	n.	patient

课文三

推拿按摩

推拿按摩是指用手在人体上通过推、拿、提、捏、揉等手法对经络、穴位进行刺激，以预防和治疗疾病的一种方法。按摩容易学习，操作简单。对于6岁以下的儿童，如果是轻微的消化不良、鼻塞等，按摩特定的穴位可代替服用药物进行治疗，是一种比较温和而有效的治疗方法。成年患者如果感觉疲倦，按摩可以使其精神振奋；但按摩也能让睡眠不好的患者安静下来，促进睡眠。

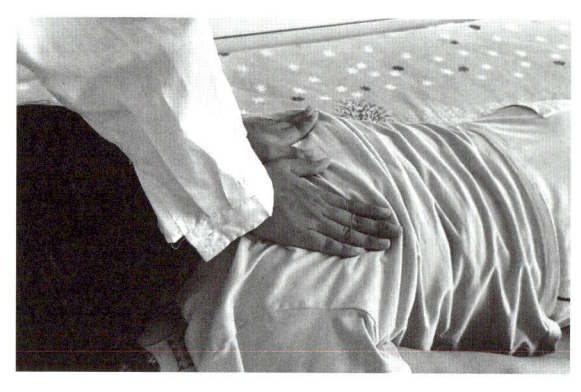

推拿按摩

第三课　我有点儿睡不着

◎ **课后补充材料**

人体头部常用的几个穴位有风池、风府、太阳、攒竹。

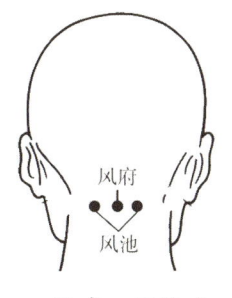

风府、风池穴　　　　　　攒竹、太阳穴

按摩的常用手法有按、滚、推等。

按　　　　　　滚　　　　　　推

◎ **课后练习**

一、请熟读下面的句子

1. 我已经适应了这里的生活。

2. 你的眼睛那么红，是不是没有睡好？

3. 我想试一下按摩。

4. 推拿按摩可以使精神振奋，也可以帮助睡眠。

5. 按摩对于小孩子是一种比较有效的治疗方法。

6. 推拿按摩有推、拿、提、捏、揉等手法。

二、选词填空

> 正好　　促进　　经络　　黑眼圈　　按摩

1. 昨天晚上没睡好，今天有（　　　）。
2. （　　　）可以给你们介绍一下中医知识。
3. 睡眠不好可以试一试中国的（　　　）。
4. 按摩是指用手在人体上按（　　　）和穴位。
5. 推拿按摩可以（　　　）睡眠。

> 穴位　　患者　　代替　　精神　　推拿

1. 睡眠不好的话可以试一下（　　　）。
2. 按摩是指用手在人体上按经络和（　　　）。
3. （　　　）的精神状态不太好。
4. 疾病不严重的情况下，推拿按摩可以（　　　）药物。
5. 推拿按摩不仅可以促进睡眠，还可以振奋（　　　）。

三、用下列词语造句

推拿按摩　_____
_____

穴位　_____
_____

代替　_____
_____

患者　_____
_____

四、用下列词语完成对话

正好　推拿按摩　穴位　代替　患者　精神　睡眠　促进

护士：医生，3号床的_____晚上有点儿睡不着。

医生：说一下他的情况。

护士：他_____不太好。

医生：他可以试一下_____。

护士：知道了，他的病情也不太严重，_____可以试一试推拿按摩。

医生：是的，按摩头部的一些穴位可以_____睡眠，恢复_____，不太严重的情况下也还可以_____药物。

五、请老师将学生分组，操练推拿手法，一边操练，一边使用以下词语进行描述

推　按　揉　穴位　帮助　睡眠

第四课
这里的冬天有点儿不一样

◎ **热身**

tài yáng xué	zǎn zhú	bǎi huì xué
太 阳 穴	攒 竹	百 会 穴

fēng chí	fēng fǔ
风 池	风 府

◎ **生词**

下雪	xiàxuě	v.	snow
化	huà	v.	melt

课文一

阿德：这里的冬天和我家乡的冬天不太一样。

王华：哪里不一样？

阿德：我家乡的冬天会下雪，这里的冬天不下雪。

王华：这里有时候也会下雪，只是下得很小，雪落在地上就化了。

阿德：在我的家乡，冬天房顶、树上、地上到处都是雪。

第四课　这里的冬天有点儿不一样

王华：中国很大，每个省份的冬天都不太一样，等放了寒假，我们可以一起去旅游，去看看别的城市的冬天。

◎ **语法**

1. 只是：just

例如：这里会下雪，只是下得很小。

弟弟认识汉字，只是不太多。

我没有生病，只是有点儿累。

2. *v.*+ 得 +*adj.*：It indicates the state of an action.

例如：吃得慢　　弟弟吃饭吃得慢。

跑得快　　哥哥跑步跑得快。

3. 就：It is a polysemous word. In this text it means "as soon as", similar with "一……就", but "一" is omitted.

例如：雪（一）落在地上就化了。

我（一）说话就咳嗽。

他（一）吃东西就牙疼。

◎ **生词**

入乡随俗	rùxiāngsuísú		Do in Rome as Rome does
粥	zhōu	*n.*	one common type of oat cereal, containing dry rice, beans and dates cooked with water
竟然	jìngrán	*adv.*	unexpectedly
涮	shuàn	*v.*	scald thin slices of meat in boiling water
类型	lèixíng	*n.*	type

除湿驱寒　　chúshī qūhán　　　　dispelling the "shi" and "han" in the physical body

课文二

王华：周末一起去吃火锅怎么样？

阿德：好，天气冷了就想吃火锅。

王华：你现在越来越入乡随俗了。

阿德：为什么四川人那么喜欢吃火锅？

王华：在中国不同的地方都有自己的火锅。

阿德：不管什么样的火锅，都是辣的。

王华：不一定。在广州，有粥火锅，就是用粥做的火锅；在北方有涮羊肉，这些都不辣。

阿德：太有意思了，竟然有这么多不同类型的火锅。

王华：不同的地理环境中，人们吃的东西就不太一样。在四川，冬天比较湿冷，所以人们就喜欢吃一些麻辣的食物，这样可以除湿驱寒。

四川麻辣火锅

第四课　这里的冬天有点儿不一样

◎ **语法**

1. 不管……都：whatever; no matter what; regardless of

例如：不管明天下不下雨，我都要去打篮球。
　　　在四川，不管什么样的火锅，很多都是辣的。
　　　不管你做什么菜，我都觉得很好吃。

◎ **生词**

食疗	shíliáo	n.	dietotherapy
辅助	fǔzhù	v.	assist
清淡	qīngdàn	adj.	light; bland
抵御	dǐyù	v.	resist

课文三

食　疗

在中国，很早以前就有食疗了。食疗的意思就是让食物辅助治疗某些疾病，促进身体康复，或者预防疾病发生。食疗既不同于药物疗法，也与普通的饮食有很大的差别。比如，在冬天，天气非常寒冷，可以吃一些肉类，如羊肉、牛肉，也可吃一些姜等来抵御寒冷；夏天天气炎热，可以吃一些清淡的食物，如鸭肉、绿豆或者黄瓜，让身体舒服一些。

027

◎ 语法

既……也……：both... and...

例如：有些植物既可以是食物，也可以是药物。

在中国，火锅既有辣的，也有清淡的。

◎ 课后补充材料

红枣鸡蛋姜片红糖水

◎ 课后练习

一、请熟读下面的句子

1. 每个地方的冬天都不太一样。

2. 我们去别的地方旅游就要入乡随俗。

3. 不同的地理环境，人们吃的东西就不一样。

4. 在四川，冬天比较湿冷，所以人们就喜欢吃一些麻辣的食物，这样可以除湿驱寒。

5. 让食物辅助治疗某些疾病，或者预防疾病，或促进身体康复，这就是食疗。

6. 食疗与普通的饮食有很大的差别。

二、选词填空

食疗　　除湿驱寒　　入乡随俗　　类型　　清淡

1. 让食物辅助治疗某些疾病，或者预防疾病，就是（　　　）。
2. 在中国不同的地方有不同（　　　）的火锅。
3. 环境比较湿冷，人们可以吃一些麻辣的食物，这样可以（　　　）。
4. 夏天天气炎热，可以吃一些（　　　）的食物。
5. 去别的城市或国家旅游，我们要（　　　）。

辅助　　涮　　粥　　下雪　　抵御

1. （　　　）的时候，天气很冷，我们可以一起吃火锅。
2. 天气冷的时候，我们可以多吃一些牛肉、羊肉来（　　　）寒冷。
3. 北方的（　　　）羊肉是一种火锅，不辣。
4. 食物可以（　　　）治疗某些疾病。
5. 如果胃肠不舒服，可以喝一些（　　　）。

三、用下列词语造句

辅助　＿＿＿＿＿＿＿＿＿＿＿＿＿＿＿＿＿＿＿＿
　　　＿＿＿＿＿＿＿＿＿＿＿＿＿＿＿＿＿＿＿＿

清淡　＿＿＿＿＿＿＿＿＿＿＿＿＿＿＿＿＿＿＿＿
　　　＿＿＿＿＿＿＿＿＿＿＿＿＿＿＿＿＿＿＿＿

除湿驱寒　＿＿＿＿＿＿＿＿＿＿＿＿＿＿＿＿＿＿
　　　　　＿＿＿＿＿＿＿＿＿＿＿＿＿＿＿＿＿＿

入乡随俗　＿＿＿＿＿＿＿＿＿＿＿＿＿＿＿＿＿＿
　　　　　＿＿＿＿＿＿＿＿＿＿＿＿＿＿＿＿＿＿

四、用下列词语完成对话

> 辅助　　食疗　　清淡　　粥　　涮　　除湿驱寒

病人：医生，我的这几天胃不舒服，吃不下饭，也觉得不饿。

医生：这几天吃了些什么？

病人：这几天天气比较冷，晚上常常和朋友一起＿＿＿＿＿＿。

医生：这几天天天都涮火锅吗？

病人：是的，还喝冰啤酒。

医生：火锅吃得太多了，所以你的胃不舒服，要吃＿＿＿＿＿＿。

病人：不是说在四川要多吃辣的食物，可以＿＿＿＿＿＿。

医生：确实可以除湿驱寒，但也不能天天吃，＿＿＿＿＿＿和吃饭时不一样的。

病人：那我这几天可以吃什么？

医生：可以喝一些清淡的＿＿＿＿＿＿。

五、请收集一个新的食疗食谱，并记下来。

第五课　泡脚很舒服

◎ 热身

wēn	rè	hán	liáng
温	热	寒	凉

◎ 生词

滑	huá	v.	slip
滑板	huábǎn	n.	skateboard
转弯	zhuǎnwān	v.	make a turn

课文一

阿德：今晚上完课我们去滑滑板吧。

王华：我不会滑滑板。

阿德：没关系，我可以教你。

王华：没看出来你这么厉害，还会滑滑板。

阿德：没有，我也刚学会不久，还不会转弯。

王华：能教我就行。

◎ **语法**

1. 没看出来：This short sentence is usually put in the front of a sentence. It means the speaker didn't see anything happened. 表示某人没注意到某事，通常作为回应，放在句子前。

例如：没看出来今天你化了妆。

没看出来你的滑板滑得这么好。

2. 就行：That's it. This structure is usually put in the end of a sentence. 表示肯定语气，通常放在句末。

例如：你把笔给我就行。

你把名字写在这儿就行。

◎ **生词**

| 酸 | suān | *adj.* | sour; muscle soreness |
| 泡脚 | pàojiǎo | *n.* | foot bath |

课文二

王华：今晚去滑滑板吗？

阿德：我想去，但去不了，我的脚很不舒服。

王华：你的脚怎么了？

王华：哦，我知道了，在中国，我们说"脚很酸"。

阿德：一直不洗脚才会酸，不仅酸，还很臭。

王华：这里的"酸"不是指味道的酸，也不是指不洗脚的酸，而是指不能用力气的酸。如果你用热水泡脚的话，就不会酸了。

阿德：泡脚，什么是泡脚？我只知道泡茶。

王华：我每天晚上，都会用一盆热水，把脚放在里面，非常舒服。

阿德：真的吗？我也想试试。

◎ **语法**

1. 不仅……还……：not only… but also… 用于递进复句。

例如：玫瑰花不仅漂亮，还是一种药物。

泡脚不仅很舒服，还可以让我们睡得更好。

2. 酸

（1）a sour taste. 表示味道酸。

例如：这个苹果太酸了。

我喜欢喝酸奶。

（2）muscle soreness. 表示肌肉酸痛。

例如：昨天我打了两个小时篮球，今天全身酸痛。

运动以后，肌肉会酸痛，可以用热水泡一下脚。

◎ **生词**

血液	xuèyè	n.	blood
循环	xúnhuán	v.	circulate
代谢	dàixiè	v./n.	metabolize; metabolization
疲劳	píláo	adj.	tired
下肢	xiàzhī	n.	lower limbs; legs
自然	zìrán	adv.	naturally

课文三

泡　脚

热水泡脚可以加强局部和全身的血液循环，促进代谢。用热水泡脚，既可以消除疲劳，又可以帮助睡眠。手脚冰凉的人，经常泡脚能促进血液循环，使血液能很好地到达四肢，缓解手脚冰凉，有温暖身体的作用。泡脚水的温度不能过高或过低，以 38℃～43℃为最佳，不要超过 45℃；泡脚时间也不宜过长，控制在 10～30 分钟最好。用正确的方法泡脚对身体才会有好处。

◎ **课后补充材料**

泡脚

◎ **课后练习**

一、请熟读下面的句子

1. 泡脚很舒服。

2. 热水泡脚可以加强血液循环，促进代谢。

3. 热水泡脚可以消除疲劳。

4. 泡脚水的温度以 38℃～43℃为宜。

5. 用正确的方法泡脚对身体才会有好处。

6. 泡脚水的温度最好不要超过45℃，并且时间不宜过长。

二、选词填空

　　　　血液　　下肢　　循环　　疲劳　　滑板

1. 昨天滑了（　　　），今天脚很酸。

2. 热水泡脚可以消除（　　　）。

3. 热水泡脚时加速了脚部（　　　）（　　　）。

4. 热水泡脚使更多的血液流向（　　　），并使大脑血流量相对减少。

　　　　代谢　　酸　　代替　　转弯

1. 昨天滑滑板，在（　　　）的时候，摔了一下。

2. 昨天跑了步，今天脚很（　　　）。

3. 泡热水脚可以促进（　　　）。

4. 疾病不严重的情况下，推拿按摩可以（　　　）药物。

三、用下列词语造句

循环　_____
　　　_____

代谢　_____
　　　_____

疲劳　_____
　　　_____

酸 _____

_____

四、用下列词语完成对话

> 滑板　　泡脚　　转弯　　酸痛　　扭伤

患者：医生，我的脚有点_____。

医生：你的脚怎么了？

患者：昨天滑_____，_____的时候扭了一下。

医生：我看看，可能是脚部肌肉_____了。

患者：我应该怎么办呢？

医生：我给你检查一下，然后开点儿药，晚上你可以用热水_____

_____。

患者：谢谢医生。

第二单元

学校生活篇

第六课 我有一个学中医的朋友

◎ 热身

yān hóu	biǎn táo tǐ	xiāo yán yào
咽 喉	扁 桃 体	消 炎 药
tuì shāo yào	pí láo	sì zhī
退 烧 药	疲 劳	四 肢

◎ 生词

| 针灸 | zhēnjiǔ | *n.* | acupuncture and moxibustion |
| 不太 | bútài | *adv.* | not very |

课文一

王华：阿德，这是我的朋友，李明。

阿德：你好，我叫阿德，以前没见过你，你学的什么专业？

李明：针灸推拿专业。

阿德：每个字我都能听懂，但就是不知道什么意思。能解释一下吗？

李明：这不太好解释，不如你跟我一起去上一次课吧。

阿德：好的，什么时候？

李明：明天下午两点，我们在 E 教学楼下见。

阿德：好，不见不散。

◎ **语法**

1. 都……但（就是）……：all... but...

例如：每个字我都能听懂，但就是不知道什么意思。

　　　所有的检查都做过了，但就是不知道是什么疾病。

2. 不如：rather... than...

例如：我不知道怎么解释"泡脚"，不如我们一起试一试吧。

　　　只是看书也不知道什么是"推拿"，不如我们去感受一下吧。

◎ **生词**

专门	zhuānmén	adj.	specially
呼吸	hūxī	v./n.	respire; respiration
模型	móxíng	n.	model
名称	míngchēng	n.	name
经络	jīngluò	n.	main and collateral channels
穴位	xuéwèi	n.	acupoint
神奇	shénqí	adj.	magic
放松	fàngsōng	v.	relax

课文二

阿德：这个教室好特别啊。

李明：这是我们专门练习推拿的教室。

阿德：这个床上面怎么还有一个洞？

李明：你看，当我趴在这上面的时候，如果没有这个洞，我会呼吸困难。

阿德：真有意思，这个人体模型上面的汉字是什么？

李明：这是我们的经络模型。上面的汉字就是人体上的经络和穴位的名称。

阿德：我以前听说过，就是按摩的时候需要按摩的位置吧？

李明：对，要不我给你按摩一下？

阿德：好的。

李明：你觉得怎么样？

阿德：感觉很舒服，很放松，太神奇了。

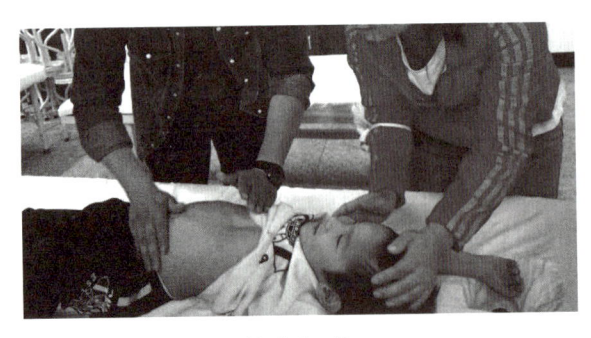

推拿按摩

◎ 语法

你看：This structure is usually put in the beginning of a sentence to remind the listener that the speaker is starting a topic. 用于提示听话者，通常放在句首，后用逗号隔开。

例如：你看，开始下雨了。

你看，这就是我们身体上的穴位。

◎ 生词

脏腑	zàngfǔ	n.	internal organs
通道	tōngdào	n.	passageway
分布	fēnbù	v.	distribute
主干	zhǔgàn	n.	main part

课文三

经　络

"经"有路径的意思，"络"就是"网络"。"经络"就是联系身体里面各个脏腑和全身各个部分的通道。在中医学里，十二经脉是经络的主干，在十二经脉上又分布了很多穴位。经络的主要功能是调节气血、营养周身和抵御病邪。比如，按摩头部的经络穴位，可以使血脉通畅，对于偏头痛和失眠等有一定的缓解作用。

◎ **课后补充材料**

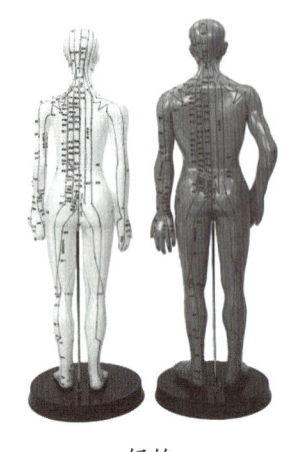

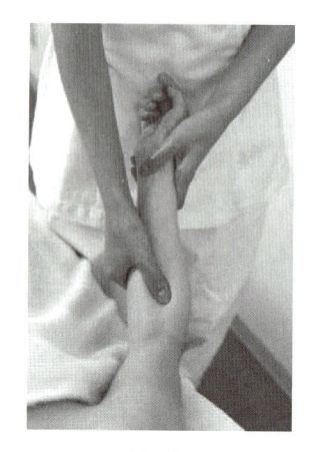

经络　　　　　　　按摩

◎ **课后练习**

一、请熟读下面的句子

1. 人体上的经络和穴位的名称。

2. 这是我们专门练习推拿的教室。

3. "经"有路径的意思,"络"就是"网络"。

4. "经络"就是联系身体里面各个脏腑和全身各个部分的通道。

5. 通过这个通道,全身各个部分可以进行营养物质交换,保证身体健康。

二、选词填空

针灸　　穴位　　通道　　放松　　退烧药

1. 你的肌肉需要(　　　　)。

2. 经络是联系脏腑的(　　　　)。

3. 我给你开一点儿（　　　）吧。

4. 这是我们的（　　　）推拿教室。

5. 经络上面分布着（　　　）。

　　　　脏腑　　模型　　按摩　　呼吸　　主干

1. 十二经脉是经络的（　　　）。

2. 感冒了（　　　）困难。

3. 这个人体（　　　）上面的汉字是什么？

4. "经络"就是联系身体里面各个（　　　）和全身各个部分的通道。

5. （　　　）头部穴位，可以让大脑放松。

三、用下列词语造句

针灸 _____

_____

推拿 _____

_____

分布 _____

_____

通道 _____

_____

四、用下列词语完成对话

　　　　针灸　　分布　　按摩　　呼吸

病人：医生，你好，我最近睡眠不是很好。

医生：最近身体哪里不舒服？

病人：我有一点儿感冒，不太严重，_____有点儿困难。

医生：我可以给你_____一下。

病人：针灸真的有作用吗？

医生：我们身体有经络，经络上面_____很多穴位，我们通过_____这些穴位可以治疗疾病。

五、写汉字

模型　按摩　脏腑　通道

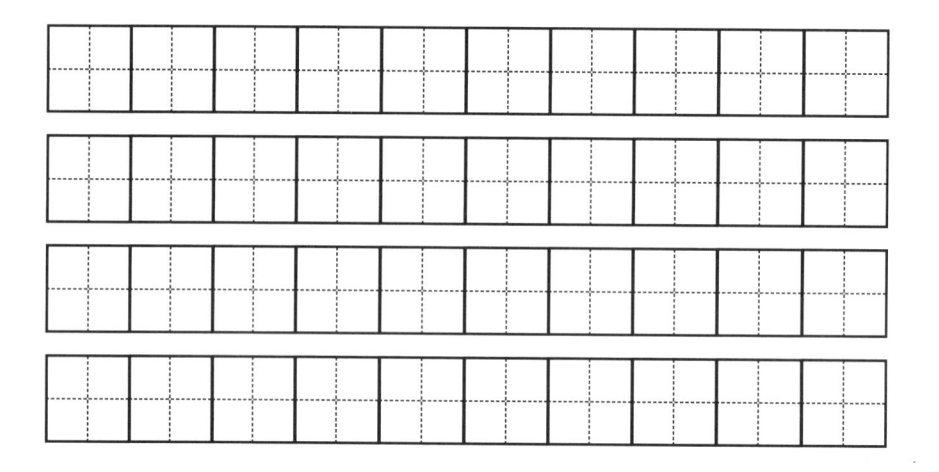

第七课　锻炼身体

◎ 热身

wèi kǒu	ě xin	yán zhèng
胃 口	恶 心	炎 症
ǒu tù	cháng wèi yán	
呕 吐	肠 胃 炎	

◎ 生词

健身房	jiànshēnfáng	n.	gym
跑步机	pǎobùjī	v.	running machine
哑铃	yǎlíng	n.	dumbbell
热身	rèshēn	n./v.	warm up
扭伤	niǔshāng	v.	sprain

课文一

王华：阿德，今晚我们一起去健身房吧，我有一段时间没锻炼了。

阿德：好，正好我也想练一下。

（到了健身房）

王华： 我先上跑步机，你呢？

阿德： 我先举一组哑铃。

王华： 先热身吧。

阿德： 我已经热好了，哎呀！

王华： 怎么了？

阿德： 我的后背好像扭伤了。

王华： 应该是热身没热够。

哑铃

◎ 语法

1. 连……也……：This structure is used for emphasis. The speaker explains another kind of situation by emphasizing an extreme case. 用于表示强调，说话人通过强调一个极端的例子来说明另一种情况。

例如：我连一口水也不想喝。

我连一个苹果也不想吃。

连我的汉语老师也不认识这个汉字。

连科学家都回答不了这个问题。

2. 应该是：This structure indicates a high probability. 表示可能性较大。

例如：你咳嗽应该是感冒了。

运动扭伤应该是热身没热够。

◎ 生词

使劲	shǐjìn	v.	put in effort; exert all one's strength
肩胛骨	jiānjiǎgǔ	n.	scapula
前锯肌	qiánjùjī	n.	serratus anterior muscle

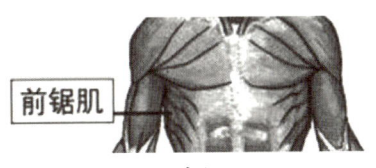

前锯肌

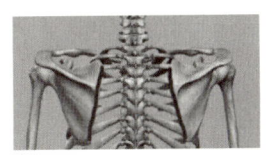

肩胛骨

课文二

王 华：你的背怎么样了？

阿 德：都一个星期了，还是不能使劲，一使劲就疼。

王 华：没去校医院看一下吗？

阿 德：没去，我以为是小问题，以前运动也受过伤，过几天就好了，可这次没想到现在还没好，再说挂号排队太麻烦了，最近要考试了……

王 华：我们就是医学院，我们去找个同学看一下吧，我们去找李明。

李 明：阿德，哪儿疼？

阿 德：后背，肩胛骨附近。

李 明：是这儿吗？疼吗？应该是前锯肌拉伤了，可能是热身做得不够。

阿 德：那怎么办？

李 明：没关系，我有办法，我帮你按摩一下。

阿德：啊，舒服多了，我还以为按摩只是让人舒服，没想到还可以治病。

李明：当然了。

◎ **语法**

1. 都 +（时间）+ 了：It means that time has passed for a long time but it has not been effective yet. 表示过了预计时间事件仍未完成。

　　例如：都两周了，你的感冒还没好。

　　　　都两小时了，你还没吃完饭。

2. 没想到：It means unexpected. 表示和预期不符。

　　例如：没想到都两周了，我的感冒还没好。

　　　　没想到你的汉语这么好。

3. adj.+ 多了：It means much better. 表示在原有基础上有所提高。

　　例如：我的感冒好多了。

　　　　舒服多了。

◎ **生词**

肩井	jiānjǐng	n.	shoulder well acupoint
天宗	tiānzōng	n.	T'ientsung acupoint
肩峰	jiānfēng	n.	shoulder peak acupoint
大椎	dàzhuī	n.	dazhui acupoint
肩胛	jiānjiǎ	n.	scapular point
缓解	huǎnjiě	v.	relieve
功能	gōngnéng	n.	function

课文三

肩井和天宗

　　肩井和天宗是肩关节附近的两个穴位。肩井穴位于肩峰和大椎连线的中点，天宗穴位于肩胛区。当肩或背疼痛的时候，可以通过按摩肩井和天宗穴缓解疼痛。除了有缓解肩背疼痛的功能，按摩天宗穴对治疗咳嗽也有一定的作用。

◎ **语法**

　　有一定的……：to some degree

　　A 对治疗/缓解 B + 有一定的作用/效果

　　例如：按摩穴位对治疗失眠有一定的效果。

　　　　按摩对缓解疼痛有一定的作用。

◎ **课后补充材料**

三个穴位

按摩

◎ 课后练习

一、请熟读下面的句子

1. 我们一起去健身房吧,我有一段时间没锻炼了。
2. 前锯肌拉伤了,可能是热身不够。
3. 肩井和天宗是肩附近的两个穴位。
4. 可以通过按摩肩井和天宗穴缓解疼痛。
5. 按摩天宗穴对治疗咳嗽有一定的作用。

二、选词填空

> 缓解　　功能　　前锯肌　　放松　　扭伤

1. 你的肌肉需要(　　　)。
2. 应该是(　　　)拉伤了。
3. 按摩肩井和天宗穴(　　　)疼痛。
4. 按摩穴位有缓解疼痛的(　　　)。
5. 我的后背好像(　　　)了。

> 大椎　　使劲　　肩井　　热身　　天宗　　肩胛

1. 后背上面,左右两边是我们的(　　　)。
2. (　　　)穴位于肩胛区。
3. 因为(　　　)没热够,所以后背好像扭伤了。
4. (　　　)穴位于肩峰和(　　　)连线的中点。
5. 我后背扭伤了,一(　　　)就疼。

三、用下列词语造句

使劲 _____

_____

扭伤 _____

_____

热身 _____

_____

功能 _____

_____

四、课文练习

肩井和天宗是（　　　　）的两个穴位。肩井穴（　　　　）肩峰和大椎连线的中点，天宗穴位于肩胛区。当肩或背（　　　　）的时候，可以通过按摩肩井和天宗穴（　　　　）疼痛。除了有缓解肩背疼痛的（　　　　）以外，按摩天宗穴对（　　　　）咳嗽也有一定的作用。

五、操练，请老师将同学们分组，分别按摩肩井和天宗穴，让同学们用以下词语讲讲按摩的感受

肩井　天宗　使劲　轻一点儿　功能　放松　好多了　舒服　按摩

六、写汉字

扭伤　缓解　功能　使劲

第八课　最近容易累

◎ 热身

dà zhuī 大 椎	jiān jǐng 肩 井	jiān fēng 肩 峰	shuì mián 睡 眠
tuī ná 推 拿	jiān jiǎ gǔ 肩 胛 骨	qián jù jī 前 锯 肌	

◎ 生词

热敷　　rèfū　　hot compress

热敷

053

课文一

王华：你的背好些了吗？

阿德：听了李明的建议，每天热敷一下，现在差不多快好了。

王华：今晚去健身房吗？

阿德：不想去，最近老觉得身体很累，我想回宿舍躺着。

王华：生病了吗？

阿德：没有，就是觉得身体很软，什么也不想做。

王华：那你先好好休息，过两天我来找你。

◎ **语法**

就是觉得……：just feel...

例如：就是觉得身体很累。

就是觉得想睡觉。

◎ **生词**

失眠	shīmián	v.	insomnia
睡眠	shuìmián	n.	sleep
太极拳	tàijíquán	n.	a Chinese system of excercises
入睡	rùshuì	v.	fall asleep

课文二

阿德：昨天你怎么没来上课？

王华：前天晚上我失眠了，昨天头很痛，所以没来上课。

阿德：最近我的睡眠也不是很好，以前我一躺上床就睡着了，但这段时间入睡很难。

王　华：可能是最近学习压力比较大。

阿　德：要不周末我们去放松一下？

王　华：看电影还是去健身房？

阿　德：都不是，我们去打太极拳吧，听说常常练习太极拳对身体很好，对睡眠也有帮助。

王　华：那好吧，周末我们一起去。

◎ 生词

呼吸	hūxī	n./v.	respiration; respire
动作	dòngzuò	n.	movement
神经衰弱	shénjīng shuāiruò		neurasthenia
神经系统	shénjīng xìtǒng		nervous system
高血压	gāoxuèyā	n.	hypertension
协调	xiétiáo	n./v.	physical coordination; coordinate
限制	xiànzhì	v./n.	restrict; restriction

课文三

太极拳

太极拳是中国的一种传统武术运动项目。它的特点是柔和，刚柔相济，动作可快可慢。太极拳有健身、稳定情绪的作用。太极拳可以通过呼吸和动作的配合，协调人体的神经系统，对失眠、神经衰弱、高血压有较好的预防作用。太极拳动作柔和，适合大多数人练习，没有太多的限制，是一种非常好的健身运动。

◎ **语法**

可 + *adj.* + 可 + *adj.*

This structure indicates that it can be this way or that way. 表示可以用两种相反的方法操作。

例如：打太极拳可快可慢。

这个要塞可攻可守。

◎ **课后补充材料**

太极拳

◎ **课后练习**

一、请熟读下面的句子

1. 这段时间入睡很难。

2. 常常练习太极拳对身体很好，对睡眠也有帮助。

3. 太极拳是中国的一种传统武术运动项目。

4. 太极拳可以通过呼吸和动作的配合，协调人体的神经系统。

5. 觉得身体很软，什么也不想做。

二、选词填空

> 神经衰弱　失眠　高血压　缓解　呼吸　协调

1. 我最近晚上有点儿（　　　）。
2. 打太极拳可以缓解（　　　）、（　　　）和（　　　）。
3. 按摩肩井和天宗穴（　　　）疼痛。
4. 太极拳可以通过（　　　）和动作的配合，（　　　）人体的神经系统。

三、用下列词语造句

神经衰弱 _____
_____

失眠 _____
_____

协调 _____
_____

限制 _____
_____

热敷 _____
_____

四、课文练习

（　　　）是中国的一种传统武术运动项目。它的特点是柔和，刚柔相济，动作可快可慢。太极拳有（　　　）的作用。太极拳可以通过（　　　）和（　　　）的配合，协调人体的神经系统，对（　　　）、

（　　　）、（　　　）有较好的预防作用。太极拳动作柔和，适合大多数人练习，没有太多的限制，是一种非常好的健身运动。

五、写汉字

神经系统　神经衰弱　高血压　热敷

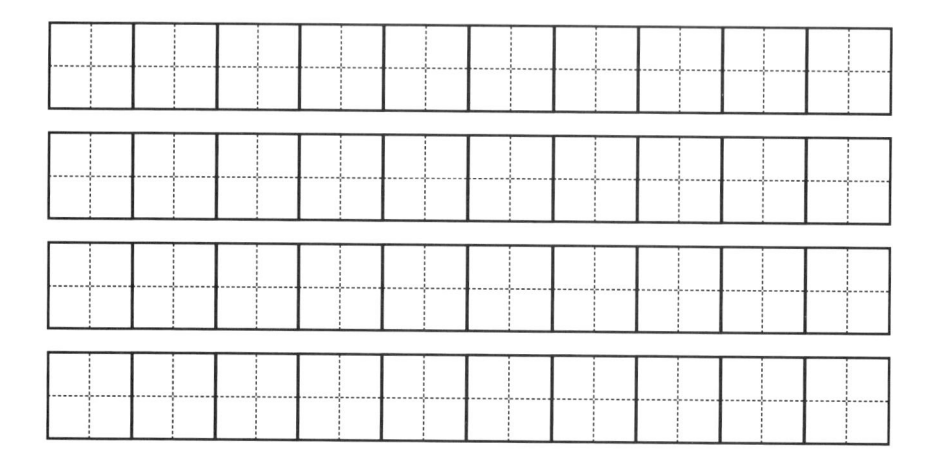

第九课　喝热水、拔火罐

◎ 热身

qīng dàn	fǔ zhù	shí liáo	pào jiǎo
清　淡	辅　助	食　疗	泡　脚
xuè yè	xún huán	dài xiè	xià zhī
血　液	循　环	代　谢	下　肢

◎ 生词

冷饮	lěngyǐn	n.	cold drink
脾胃	píwèi	n.	spleen and stomach; taste
传统	chuántǒng	n.	tradition
养生	yǎngshēng	n.	health preservation

课文一

阿德：天气越来越热了，没有胃口吃饭了，只想喝冷饮。

王华：喝太多冷饮对身体不好，伤脾胃。

阿德：在我的国家，我们生病的时候才喝热水，平时都喝冷水；可是到了中国，大家都喝热水，就算是到了夏天也要喝热水。

王华：是的，这是我们传统的养生方式。

阿德："养生"是什么意思？

王华：就是用健康的方式照顾自己呀。

◎ **语法**

1. 才：just; do somthing at a specific time

例如：生病的时候才喝热水。

头疼的时候才能吃这个止疼药。

发烧到 38.5℃ 的时候才吃退烧药。

2. 就算是：even if

例如：就算是到了夏天，我们也习惯喝热水。

就算是不发烧了，也不能吃冰激凌。

就算没有生病，也不能喝太多的酒。

就算现在血压正常，也不能剧烈运动。

◎ **生词**

公里	gōnglǐ	n.	kilometer
肌肉	jīròu	n.	muscle
酸痛	suāntòng	n.	soreness
迅速	xùnsù	adj.	quick

课文二

阿德：昨天跑了八公里，今天我的肌肉好酸痛。

王华：我只跑了五公里，还好。

阿德：在中国，想迅速缓解这种运动型酸痛，一般怎么处理？

王华：我们可能会去按摩或者拔火罐。

阿德：按摩我知道，拔火罐是什么？

王华：下午我带你去我们校医院看看，你还可以看到拔火罐的操作过程。

玻璃火罐

◎ 语法

型：In this structure "型" is similar to a suffix and the whole structure indicates the type it belongs to. 表示某一类型或某一范畴。

例如：运动型受伤

　　　A 型血

　　　B 型血

◎ 生词

拔火罐	báhuǒguàn		cupping glass
负压	fùyā	n.	negative pressure
血液循环	xuèyèxúnhuán		blood circulation
不适	búshì	adj.	uncomfortable
印记	yìnjì	n.	mark
医师	yīshī	n.	physician

课文三

拔火罐

拔火罐是一种传统的中医疗法。它利用燃烧的方式排去罐内的空气，在皮肤表面形成负压，使罐吸附在特定的部位，让皮肤充血以达到防治疾病的目的。拔火罐可以通畅经络，缓解肌肉疲劳。拔完火罐后，皮肤表面会留下一些印记，这些印记过几天就会消失。拔火罐需要专业的医师进行，操作时要注意卫生和安全，不是所有疾病都适用。

◎ 课后补充材料

玻璃火罐

1. 用酒精给罐消毒

2. 用火排除罐内空气

3. 找到穴位放罐

4. 5～10分钟后取罐

拔火罐的顺序图

◎ **课后练习**

一、请熟读下面的句子

1. 就算是到了夏天也要喝热水。

2. 养生就是用健康的方式照顾自己。

3. 想迅速缓解这种运动型酸痛，一般怎么处理？

4. 拔火罐是一种传统的中医疗法。

5. 拔火罐缓解肌肉疼痛。

二、选词填空

> 拔火罐　血液循环　负压　才　酸痛

1. 想迅速缓解这种运动型（　　　），一般怎么处理？
2. 我们生病的时候（　　　）喝热水。
3. 它是通过在皮肤表面产生（　　　），让（　　　）加快。
4. （　　　）是一种传统的中医疗法。

三、用下列词语造句

养生　_____

脾胃　_____

酸痛　_____

印记　_____

不适　_____

四、课文练习

（　　　）是一种传统的中医疗法。它利用燃烧的方式排去罐内的空气，在皮肤表面形成（　　　），使罐吸附在特定的部位，让皮肤充血达到防治疾病的目的。拔火罐可以通畅经络，（　　　）肌肉疲劳。拔完火罐后，皮肤表面会留下一些（　　　），这些印记过几天就会消失。拔火罐需要专业的医师进行,操作时要注意(　　　)和(　　　),不是所有疾病都适用。

五、操练,请老师将同学分组,参考下列词语描述拔火罐的工具和怎样拔火罐

火罐　拔　穴位　清洗　先　然后　肌肉　酸痛

六、写汉字

脾胃　血液循环　酸痛　肌肉

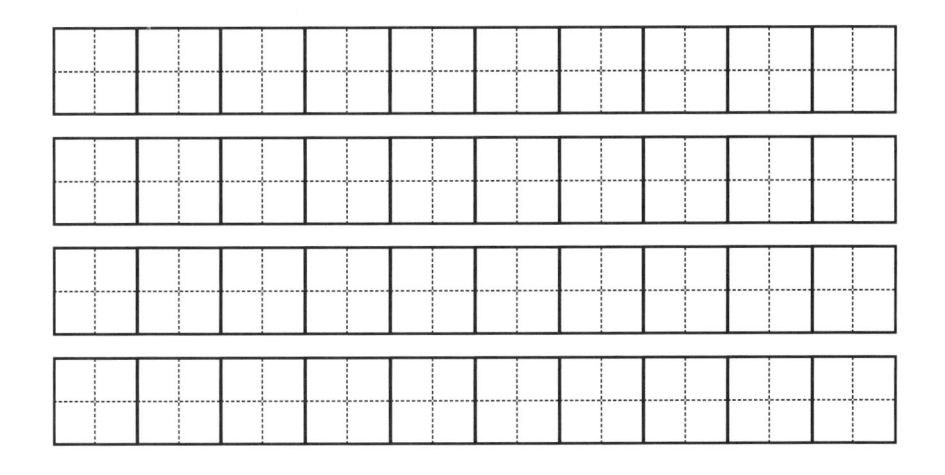

第十课　参观学校植物园

◎ 热身

tuǐ suān	dǐ yù	tí	niē
腿 酸	抵 御	提	捏

róu	chú shī qū hán
揉	除 湿 驱 寒

◎ 生词

药用	yàoyòng	adj.	medical
植物园	zhíwùyuán	n.	botanical garden
学子	xuézǐ	n.	student
草药	cǎoyào	n.	herb-medicine
气味	qìwèi	n.	smell
功效	gōngxiào	n.	effect

药用植物园

课文一

阿德：今天的天气不错，我们去校园逛一逛吧。

王华：那我们去学校的药用植物园吧。

阿德：我们学校有植物园吗？

王华：是的，我们学校的学子都知道有几处"进了成中医大门你就该知道的地方"，"植物园"就是其中的一处。

阿德：那我们可以看见课本介绍的那些草药吗？

王华：当然了，不同的草药外形和气味都不一样。

阿德：所以它们的功效也不一样，是吗？

王华：是的。

阿德：太好了，我们现在就去吧。

◎ **生词**

| 木本 | mùběn | n. | woody plants |
| 草本 | cǎoběn | n. | herbaceous plants |

藤本	téngběn	n.	liana
调料	tiáoliào	n.	seasoning
食用	shíyòng	n.	be used for food

课文二

阿德：这就是我们学校的植物园吗？还挺大的，里面有好多植物。

王华：里面都是药用植物，有木本植物、草本植物，还有藤本植物。

阿德：这个叶子看起来好熟悉啊。

王华：这是藿香，四川有一道菜就是藿香鱼，里面的调料就有这植物。

阿德：也就是说，藿香不仅可以药用还可以食用？

王华：当然了，中医有药食同源的说法。

阿德：太有意思了，以后你给我多讲讲这方面的知识。

王华：好的，没问题。

藿香

◎ **语法**

看起来像：looks like...

例如：这个汉字看起来像中国人写的。

他看起来不像一个八十岁的老人。

◎ **生词**

药食同源	yàoshítóngyuán		homology of medicine and food
理论	lǐlùn	n.	theory
防治	fángzhì	v.	prevent and cure
凉拌	liángbàn	v.	cold and dressed with sauce

课文三

药食同源

在中医学中，一直都有"药食同源"的理论，这个理论认为：许多食物也是药物，食物和药物一样能够防治疾病。在古代，人们在寻找食物的过程中，发现很多食物可以药用，许多药物也可以食用，这就是"药食同源"的认识基础。在四川人的日常生活中，有一种植物是"折耳根"，它的中药名叫"鱼腥草"，它既是食物，又是药物。四川人喜欢吃凉拌折耳根，折耳根有清热解毒和利尿等功效。

◎ 语法

既是……也是……：both...and...

例如：折耳根既是食物又是药物。

中医既是哲学也是医学。

◎ 课后补充材料

折耳根（鱼腥草） 　　　　　凉拌折耳根

◎ 课后练习

一、请熟读下面的句子

1. 植物园是进了成都中医药大学大门你就该知道的地方。
2. 不同的草药的外形和气味都不一样。
3. 四川有一道菜叫藿香鱼，里面有藿香这种药用植物。
4. 植物园里都是药用植物，有木本植物、草本植物，还有藤本植物。
5. 很多食物也是药物，食物和药物一样能够防治疾病。

二、选词填空

防治　药用　功效　食用　气味　草药

1. 不同的草药的外形和（　　　）不一样，所以（　　　）也不一样。

2. 藿香不仅可以药用，还可以（　　　）。

3. 人们在寻找食物的过程中，发现很多食物可以（　　　　）。

4. 食物和药物一样能够（　　　）疾病。

5. 在四川，折耳根是餐桌上常见的食物，其实它也是一种（　　　　）。

三、用下列词语造句

理论　_____
　　　_____

凉拌　_____
　　　_____

调料　_____
　　　_____

植物园　_____
　　　　_____

草本　_____
　　　_____

木本　_____
　　　_____

四、课文练习

在中医学中，一直都有（　　　）的理论，这个理论认为：许多食物也是（　　　），食物和药物一样能够（　　　　）。在古代，人们在寻找食物的过程中，发现很多食物可以（　　　），许多药物也可以（　　　），这就是"药食同源"的认识基础。在四川人的日常生活中，有一种植物是"折耳根"，它的中药名叫"鱼腥草"，它既是食物，又是（　　　）。四川人喜欢吃凉拌折耳根，折耳根有清热解毒和利尿等功效。

五、写汉字

草药　功效　防治　理论

第三单元 医学学习篇

第十一课 端午节的香囊

◎ **热身**

| zhēn jiǔ | wèi kǒu | chuán tǒng |
| 针 灸 | 胃 口 | 传 统 |

| yǎng shēng | tōng dào |
| 养 生 | 通 道 |

◎ **生词**

原来	yuánlái	adv.	originally
粽子	zòngzi	n.	rice dumpling wrapped in bamboo leaves
端午节	duānwǔjié	n.	the Dragon Boat Festival

课文一

阿德：最近食堂里有好多有意思的食物，挺好吃的。

王华：是什么食物？

阿德：就是用一种很长的叶子包起来的大米饭，有的里面有肉，有的里面没肉。

王华：你说的是"粽子"，是我们的一种传统食物，一般我们在端午节吃。

阿德：这种食物的名字原来是"粽子"。

王华：你喜欢吃有肉的还是没有肉的？

阿德：我更喜欢吃有肉的那种。

◎ **语法**

1. 你说的是……：What you said is… It is used to respond to other's topic. 表示听话者的回应，通常结构为"你说的是 + 听话者对讲话者所讲内容的理解"。

例如：A：有一种食物，里面是馅儿，外面是面皮，像一只小船。

B：你说的是"饺子"吗？

A：有一种动物，耳朵长长的，眼睛是红的。

B：你说的是"兔子"吗？

2. ……那种：It refers to the content of the preceding text, and is usually put at the end of a sentence. 指代前文所提及的内容，通常放在句末。

例如：A：粽子你喜欢吃甜的还是咸的？

B：我喜欢吃咸的，有肉的那种。

我想买一个手机，拍照功能特别好的那种。

◎ **生词**

香囊	xiāngnáng	n.	scented sachet
工艺品	gōngyìpǐn	n.	handicraft
一股	yìgǔ	quan.	a smell of

炎热	yánrè	*adj.*	burning hot
驱赶	qūgǎn	*v.*	drive out
提神	tíshén	*v.*	refresh

香囊

课文二

阿德： 王华，"香囊"是什么，最近好多同学都戴了这个。

王华： 是端午节戴的一种工艺品，不仅好看，而且对身体还很好。

阿德： 有一股淡淡的草木的味道，有点儿像药，但是又有点儿香味，它有什么作用呢？

王华： 到了端午节，天气越来越炎热，蚊虫越来越多，戴上香囊可以驱赶蚊虫。

阿德： 对身体有什么作用呢？

王华： 香囊里面有草药，草药的香味可以提神，闻了以后心情舒畅。

阿德： 这么好，那我们也去买一个吧。

王华： 不用买，我们可以自己做。

第十一课　端午节的香囊

◎ **语法**

不仅……而且……：not only... but also...

例如：香囊不仅好看，而且对身体还很好。
　　　按摩不仅舒服，而且可以治疗疾病。

◎ **生词**

战国时期	zhànguóshíqī		the Warring States period
信物	xìnwù	n.	authenticating object
礼品	lǐpǐn	n.	gift
蚊子	wénzi	n.	mosquito
害虫	hàichóng	n.	pest

佩戴香囊

课文三

香　囊

中国在3000年前就有了香囊。战国时期以至秦、汉、晋，男女都戴香囊，晋以后香囊逐渐成为女人、儿童的专用品。至清代，香囊已成为爱情的信物了。现在，香囊常常在端午节被当作礼品使用。香囊里面

077

有中草药，可以驱虫除湿，同时外形也很好看，所以人们都很喜欢。

香囊的制作

◎ 课后练习

一、请熟读并听写下面的句子

1. "粽子"，是我们的一种传统食物，一般我们在端午节吃。
2. 香囊是端午节佩戴的一种工艺品，不仅好看，而且对身体有益。
3. 有一股淡淡的草木的的味道，有点儿像药。
4. 草药的香味可以提神，闻了以后心情舒畅。
5. 战国时期以至秦、汉、晋，男女都戴香囊。

二、选词填空

中草药　　佩戴　　蚊虫　　礼品

1. 香囊是端午节（　　　　）的一种工艺品，不仅好看，而且对身体还很好。
2. 天气越来越热，（　　　　）越来越多。
3. 香囊常常被用作端午节的（　　　　）。
4. 香囊里面有（　　　　）。

第十一课　端午节的香囊

三、用下列词语造句

粽子 _____

原来 _____

提神 _____

害虫 _____

信物 _____

四、看图写词

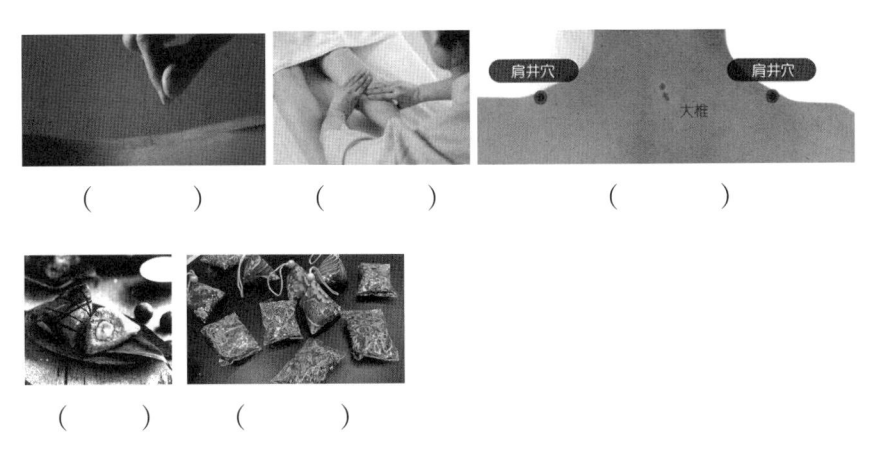

（　　　）　　（　　　）　　（　　　）

（　　　）　　（　　　）

五、课文练习，先填空，然后复述

中国在3000年前就有了（　　　）。（　　　）时期以至秦、汉、晋，男女都戴香囊，晋以后香囊逐渐成为女人、儿童的专用品。至清代，香囊已成为爱情的（　　　）了。现在，香囊常常在端午节被当作（　　　）使用。香囊里面有（　　　），可以（　　　），同时外形也很好看，所以人们都很喜欢。

第十二课　人体器官

◎ 热身

niǔ shāng	jiān jiǎ	jiān jiǎ gǔ	qián jù jī
扭伤	肩胛	肩胛骨	前锯肌
huǎn jiě	gōng néng	yǎ líng	pǎo bù jī
缓解	功能	哑铃	跑步机

◎ 生词

重感冒	zhònggǎnmào	n.	bad cold
鼻子	bízi	n.	nose
通	tōng	v.	clear; open up
力气	lìqi	n.	strength

课文一

阿德：后天就放暑假了，你想出去旅游吗？

王华：想啊，不过我的感冒还没好，尤其是鼻子不通，实在难受，去不了。

阿德：那多喝热水吧。

王华：这次是重感冒，全身都很痛，前天发烧发到39℃。

阿德：去校医院看医生了吗？

王华：没有，没有力气排队。

阿德：我陪你去吧。

王华：谢谢。

温度计　　　　　排队挂号　　　　　打喷嚏

◎ 生词

睡眠	shuìmián	n.	sleep
肌肉	jīròu	n.	muscle
放松	fàngsōng	v.	relax
迅速	xùnsù	adj./adv.	quick/quickly

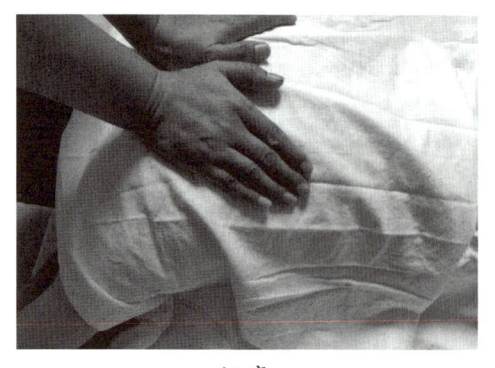

按摩

课文二

阿德：王华，你怎么了，你看起来很累。

王华：我这几天睡眠不太好，晚上睡不好。

阿德：听说在中国，睡不好的时候可以去按摩，按摩以后睡觉很舒服。

王华：是的，按摩可以帮助我们放松肌肉，帮助睡眠，让我们迅速入睡。

阿德：按摩我知道，我可以陪你一起去。

王华：你睡眠也不好吗？

阿德：不，我的睡眠很好，我想更好。

王华：好的。

◎ **语法**

V+ 不好：It refers to being unable to do something. 表示某件事达不到理想状态。

例如：写汉字　　写不好

　　　睡觉　　　睡不好

　　　做饭　　　做不好

　　　唱歌　　　唱不好

◎ **生词**

沿着	yánzhe	v.	along
代谢	dàixiè	v./n.	metabolize/metabolization
产物	chǎnwù	n.	product

滚法	gǔnfǎ	n.	the way of Gun
揉法	róufǎ	n.	the way of Rou
充分	chōngfèn	adv.	fully
避免	bìmiǎn	v.	avoid
受凉	shòuliáng	v.	catch a cold

课文三

　　肌肉的放松按摩方法有以下三种。第一，可以使用推拿法，作用于要放松的肌肉，沿着肌肉走行的方向拿捏 10 分钟左右。第二，点按局部的穴位，对局部产生一定的刺激，可以快速代谢肌肉局部的代谢产物，使肌肉快速得到放松。第三，用滚法或揉法充分放松肌肉，整个过程大概 20 分钟，肌肉放松以后要避免受凉。

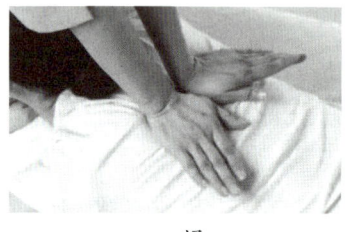

揉　　　　　　　　滚

◎ **课后补充材料**

穴位图

◎ 课后练习

一、请熟读并听写下面的句子

1. 这次是重感冒,全身都很痛。

2. 肌肉的放松按摩方法有三种。

3. 滚法或揉法可使肌肉得到充分的放松。

4. 我的感冒还没好,尤其是鼻子不通,非常难受。

5. 肌肉放松以后避免受凉。

二、选词填空

> 滚法　揉法　放松　推拿　通

1. 我的感冒还没好,尤其是鼻子不(　　　)。

2. (　　　)法作用于要放松的肌肉。

3. 肌肉能够快速得到(　　　)。

4. 用(　　　)或(　　　)使肌肉得到充分的放松。

三、用下列词语造句

重感冒 _____

_____

睡眠 _____

_____

受凉 _____

_____

沿着 _____

_____

代谢 _____

_____

四、看图写词

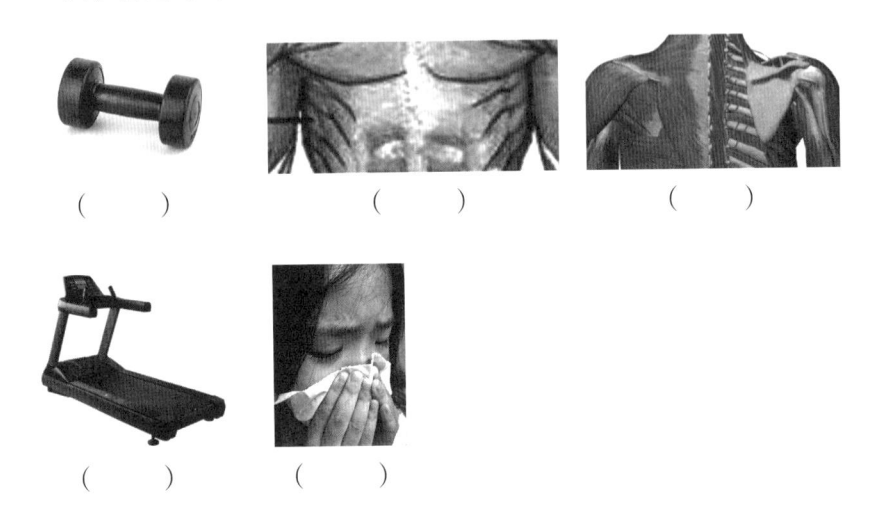

( )　　( )　　( )

( )　　( )

五、课文练习

肌肉的放松（　　　）方法有以下三种。第一，可以使用（　　　）法，作用于要放松的肌肉，（　　　）肌肉走行的方向拿捏10分钟左右。第二，点按局部的（　　　），对局部产生一定的刺激，可以快速代谢肌肉局部的代谢产物，使肌肉快速得到放松。第三，用（　　　）或（　　　）充分放松（　　　），整个过程大概20分钟，肌肉放松以后要避免（　　　）。

第十三课　伤口感染

◎ 热身

rè fū 热 敷	shuì mián 睡 眠	rù shuì 入 睡	shī mián 失 眠
hū xī 呼 吸	shén jīng xì tǒng 神 经 系 统		shén jīng shuāi ruò 神 经 衰 弱
gāo xuè yā 高 血 压			

◎ 生词

流血	liúxuè	v.	bleed
划伤	huáshāng	v.	gash
阶梯	jiētī	n.	step
血管	xuèguǎn	n.	vessel
阻止	zǔzhǐ	v.	prevent
绷带	bēngdài	n.	bandage
保健箱	bǎojiànxiāng	v.	medical kit
缠	chán	v.	twine

087

课文一

阿德：等等，我流血了。

王华：怎么回事？

阿德：我从阶梯上摔下来，右手被石头划伤了。

王华：血流得很厉害，压住你这里的血管，阻止它继续流血。

阿德：我试了，但不行。

王华：教室里有保健箱，我去拿绷带。

阿德：缠上绷带就不流血了。

伤口

◎ 语法

1. 怎么回事：What's going on？询问原因。

例如：A：我有点儿头痛。

B：怎么回事？

A：不知道，我想休息一下。

B：昨天的作业做完了吗？

A：没有。

B：你是怎么回事，已经三次没有做完作业了。

2. V+ 上：It indicates the completion of an event, movement or action. 表示某个动作的完成或某件事的达成。

例如：爬上　　熊猫爬上了一棵树。
　　　缠上　　缠上绷带就不流血了。
　　　关上　　关上门，关上窗户
　　　背上　　背上书包
　　　骑上　　骑上自行车

◎ 生词

拆	chāi	v.	take apart
酒精	jiǔjīng	n.	alcohol
碘伏	diǎnfú	n.	tincture of iodine
清理	qīnglǐ	v.	clear

课文二

阿德：我受伤的这个地方越来越痛。

王华：都三天了，还没好吗？我看看你的伤口。

阿德：缠着的绷带我一直没有拆。

王华：伤口发炎了。

阿德：难怪这么痛，我该怎么办？

王华：我们去校医院吧，那里有酒精和碘伏，清理一下伤口，消一下毒。

阿德：好的。

◎ **语法**

都 + 时间 + 了：It emphasizes that it took longer than expected. 表示比期望的时间长。

例如：都两个星期了，我的咳嗽还没有好。

都三个小时了，你还没吃完午饭。

都两天了，他还没给我回微信。

◎ **生词**

细菌	xìjūn	n.	bacterium
病毒	bìngdú	n.	virus
肿胀	zhǒngzhàng	v.	swelling
畏寒	wèihán	n.	aversion to cold

课文三

伤口感染

伤口感染是指细菌或病毒在伤口局部引起的一系列炎症反应，主要表现为皮肤发红、肿胀、疼痛等。较大的伤口感染会引起发热或畏寒。所以，皮肤上有伤口时，我们要及时清理、消毒。

消毒（用碘伏给伤口消毒）

第十三课 伤口感染

包扎

◎ **课后练习**

一、请熟读并听写下面的句子

1. 血流得很厉害，压住你这里的血管，阻止它继续流血。

2. 教室里有保健箱，我去拿绷带。

3. 校医院有酒精和碘伏。

4. 我的感冒还没好，尤其是鼻子不通，非常难受。

5. 伤口感染是指细菌或病毒从伤口进入身体，引起伤口发炎。

二、选词填空

畏寒　　清理　　绷带　　肿胀

1. 缠上（　　　）就不流血了。

2. （　　　）一下伤口，消一下毒。

3. 发炎主要症状为皮肤发红、（　　　）、疼痛等。

4. 较大的伤口感染会引起发热或（　　　）。

三、用下列词语造句

保健箱 _____

_____

划伤 _____

_____

清理 _____

_____

畏寒 _____

_____

肿胀 _____

_____

四、看图写词

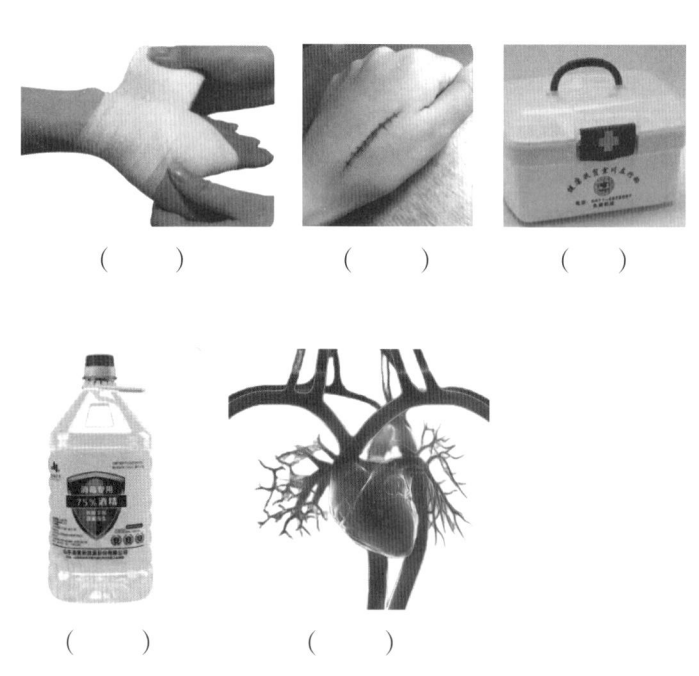

(   )　　(   )　　(   )

(   )　　(   )

五、课文练习

伤口感染是指（　　　）或（　　　）在伤口局部引起的一系列炎症反应，主要表现为皮肤发红、（　　　）、疼痛等。较大的伤口感染会引起（　　　）或（　　　）。所以，皮肤上有伤口时，我们要及时清理、（　　　）。

第十四课 打针输液

◎ 热身

wèi kǒu	pí wèi	yǎng shēng	jī ròu
胃口	脾胃	养生	肌肉

suān tòng	bá huǒ guàn	fù yā	
酸痛	拔火罐	负压	

xuè yè xún huán
血液循环

◎ 生词

打针	dǎzhēn	n./v.	have an injection
针尖	zhēnjiān	n.	needle tip
扎	zhā	v.	stick into
肌肉	jīròu	n.	muscle
推	tuī	v.	push
注射管	zhùshèguǎn	n.	injection tube

第十四课　打针输液

((课文一

王华：你的伤口现在怎么样，好一点儿了吗？

阿德：好多了，为了防止伤口感染，医生让我打针。

王华：你不害怕吗？

阿德：其实打针并没有多疼，我最怕的是针尖扎进肌肉的过程。

王华：针尖扎进肌肉，医生慢慢地推注射管。

阿德：别再说了，听起来都很害怕。

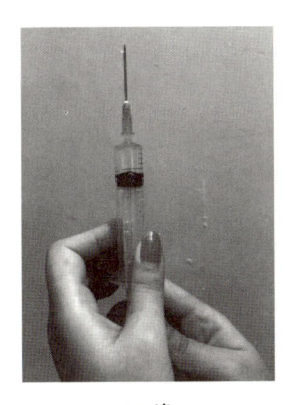

针管

◎ 语法

1. 并：It indicats that the subsequent events are different from what was expected. 表示后续事件与所期望的不同。

例如：他感冒了，但并没有发烧。

他吃了药，但并没有好。

他的书丢了，但他并不着急。

2. 其实：actually, in fact

例如：其实打针并没有多疼。

其实药也不是很苦。

095

其实他并没有生病，只是不想去学校。

3. 别再 + O：It means "don't do something again", usually followed by verbs. 表示不要再做某事或重复某个行为。

例如：别再说了

别再提了

别再看了

◎ **生词**

| 握紧 | wòjǐn | v. | clench |
| 拳头 | quántou | n. | fist |

课文二

王华：阿德，你的伤口感染处理得怎么样？好些了吗？

阿德：已经痊愈了。

王华：那我们今天下去去医院看师兄师姐们实习吧。

阿德：好，这样我们也可以提前准备准备。

王华：师兄师姐好，你们现在正在做什么？

师兄1：我们正在练习怎么抽血。

师姐1：现在准备给您抽血，请把手放在这儿，握紧拳头。

……

师姐1：好了，您可以松开拳头了，这是棉花签，把它压在扎针的地方上面止血。

第十四课　打针输液

输液扎针

◎ 语法

那：When "那" is used as a conjunction, it is usually placed at the beginning of the sentence to indicate the result obtained from what's said. "那"作为连词时，通常放在句首，表示顺接。

例如：同学 A：你的病好了吗？

同学 B：好了。

同学 A：那我们明天去医院看师兄师姐实习吧。

丈夫：我的感冒都好了，可以喝酒了吧。

妻子：那也不行。

◎ 生词

输液	shūyè	n./v.	infusion/infuse
护士	hùshi	n.	nurse
手肘	shǒuzhǒu	n.	elbow
衣袖	yīxiù	n.	sleeves

097

扎	zhā	*v.*	stick into
尽量	jìnliàng	*adv.*	to the best of one's ability
止血	zhǐxuè	*v.*	stanch bleeding
技术	jìshù	*n.*	technology; skill

课文三

王华：阿德，今天我们去观摩输液。

阿德：你们是观摩输液，而我除了观摩输液还相当于学中文。

护士：请你把衣袖拉到手肘上，请握紧拳头，我要开始扎了。

病人：疼吗？

护士：我尽量快一点儿，就不太疼。

护士：好了，这是棉签，请压住扎针的地方止血。

病人：您的技术真好，一点儿也不疼。

◎ 语法

相当于：equates to

例如：学习中医知识也相当于学习中国文化。

在中国，你到我家来做客就相当于回家。

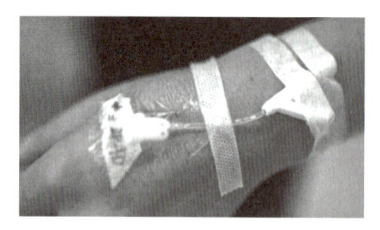

输液管

第十四课　打针输液

◎ **课后补充材料**

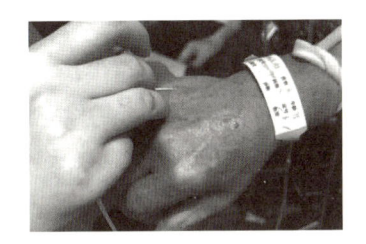

输液扎针

◎ **课后练习**

一、请熟读并听写下面的句子

1. 打针并没有多疼，我最怕的是针尖扎进皮肤的过程。

2. 现在准备给您抽血，请把手放在这儿，握紧拳头。

3. 请你把衣袖拉到手肘上，请握紧拳头，我要开始扎了。

4. 我扎的时候尽量快一点儿，就不太疼。

5. 我们正在练习怎么抽血。

二、选词填空

握紧　　推　　打针　　棉签

1. 为了防止伤口感染，医生让我（　　　　）。

2. 针尖扎进肌肉，医生慢慢地（　　　　）注射管。

3. 请你把衣袖拉到手肘上，请（　　　　）拳头，我要开始扎了。

4. 这是（　　　　），请压住扎针的地方止血。

三、用下列词语造句

握紧

肌肉 _____

技术 _____

扎 _____

手肘 _____

四、看图写词

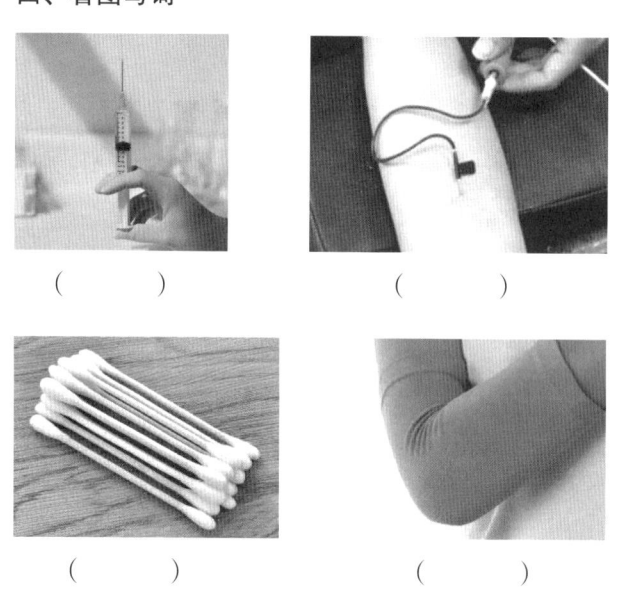

(   )   (   )

(   )   (   )

五、课文练习

　　王华与阿德去观摩（　　　　），同时阿德还可以学习（　　　　）。护士让病人把衣袖（　　　　）上。护士让病人用（　　　　）压住（　　　　）。病人觉得护士的（　　　　）很好。

总复习

一、选词填空

> 血液　四肢　循环　疲劳　拔火罐　滑板　针灸　穴位
> 通道　放松　退烧药　缓解　前锯肌　促进　扭伤　胃口

1. 昨天滑了（　　　），今天的脚很酸。
2. 热水泡脚可以消除（　　　）。
3. 热水泡脚加速了脚部（　　　）（　　　）。
4. 热水泡脚使血液能很好地到达（　　　）。
5. 你的肌肉需要（　　　）。
6. 经络是联系脏腑的（　　　）。
7. 我给你开一点儿（　　　）吧。
8. 这是我们的（　　　）推拿教室。
9. 经络上面分布着（　　　）。
10. 推拿按摩可以（　　　）睡眠。
11. 应该是（　　　）拉伤了。
12. 按摩肩井和天宗穴可以（　　　）肩部疼痛。
13. 我感冒了，没有（　　　）吃饭。
14. 我的后背好像（　　　）了。

15.（　　　　）是一种传统的中医疗法。

二、用所给的词语完成对话

◎ 对话一

正好　推拿按摩　患者　精神　睡眠　促进　吃药　适合

护士：医生，3号床的_____晚上有点儿睡不着。

医生：说一下他的情况。

护士：他_____不太好。

医生：他可以试一下_____。

护士：知道了，他的病情也不太严重，_____。

医生：是的，_____。

◎ 对话二

太极拳　入睡　放松　怎么　压力　失眠　睡着

阿德：昨天你_____没来上课？

王华：前天晚上我_____了，昨天头很痛，所以没来上课。

阿德：最近我的睡眠也不是很好，以前我一躺在床上就_____了，这段时间_____很难。

王华：可能是最近学习_____比较大。

阿德：要不周末我们去_____一下？

王华：看电影还是去健身房？

阿德：都不是，我们去打_____吧，听说常常练习太极拳对身体很好，也许对睡眠也有帮助。

王华：那好吧，周末我们一起去。

三、用下列词语组成句子

1. 不一样 草药的 都 气味 不同的 和 外形
   _____

2. 有 藿香鱼 一道菜 四川 叫作
   _____

3. 一股 草木的 有 味道 淡淡的
   _____

4. 方法 按摩 三种 有 肌肉的 放松
   _____

5. 有 医院 酒精 和 校 碘伏
   _____

6. 正在 怎么 抽血 练习 我们
   _____

7. 一下 我 想 按摩 试
   _____

8. 适应 了 已经 生活 这里的 我
   _____

9. 的 都 不太 地方 冬天 每个 一样
   _____

10. 扁桃体 你 有点儿 的 发炎
    _____

四、阅读短文，并回答问题

中医认为，五谷为养，五果为助，五畜为益，五菜为充，气味和而服之，以补益精气。同时，中医认为"药食同源"，许多食物也有药用价值，既能补充营养，又能强身防病，益寿防衰，因此慢慢发展出了食疗养生的理念。

食疗养生是中国人的传统习惯，通过饮食达到调理身体、强壮体魄的目的。食疗养生文化源远流长。以前的人通过食疗调理身体，现在的人通过食疗减肥、护肤、护发。食疗养生是一种健康的健体之道。

食疗养生是根据不同的人群、不同的年龄、不同的体质、不同的疾病，在不同的季节选取具有一定保健作用或治疗作用的食物，通过科学合理的搭配和烹调加工，做成具有色、香、味、形、气、养的食品。这些食物既是美味佳肴，又能养生保健，防病治病，能吃出健康，益寿延年。

1. 什么是"药食同源"？

2. 以前和现代的食疗养生有什么不同？

3. 应该怎么进行食疗养生？

五、表达训练

1. 自由表达

教师请两位同学分别扮演医生和发烧的病人，进行医患之间的对话练习。

_____

_____

_____

2. 看图说话

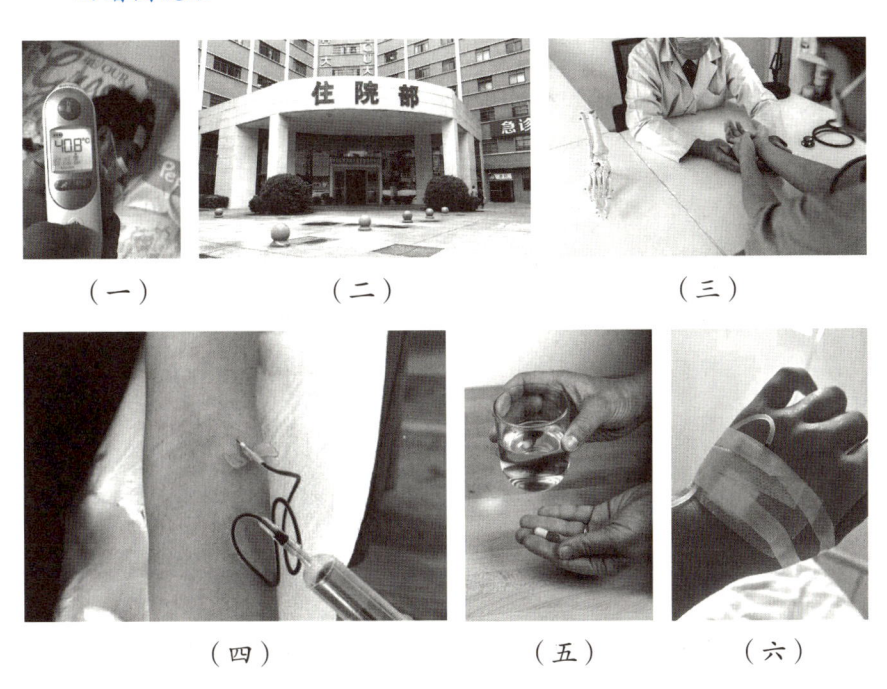

（一）　　　　　（二）　　　　　（三）

（四）　　　　　（五）　　　　　（六）

词汇表

A

| 按摩 | ànmó | v. | massage |

B

拔火罐	báhuǒguàn		cupping glass
保健箱	bǎojiànxiāng	n.	medical kit
报告	bàogào	v./n.	report
本来	běnlái	adv.	at first; originally
绷带	bēngdài	n.	bandage
鼻子	bízi	n.	nose
避免	bìmiǎn	v.	avoid
扁桃体	biǎntáotǐ	n.	tonsil
病毒	bìngdú	n.	virus
不愧	búkuì	adv.	deserve
不适	búshì	adj.	uncomfortable
不太	bútài	adv.	not very

C

草本	cǎoběn	n.	herbaceous plants
草药	cǎoyào	n.	herb-medicine
拆	chāi	v.	take apart
缠	chán	v.	twine
产物	chǎnwù	n.	product
持续	chíxù	v.	sustain
充分	chōngfèn	adv.	fully

除湿驱寒	chúshīqūhán		dispelling the "湿" and "寒" in the physical body.
传统	chuántǒng	n.	tradition
促进	cùjìn	v.	boost
促进睡眠	cùjìnshuìmián		promote sleep

D

打针	dǎzhēn	n./v.	have an injection
大椎	dàzhuī	n.	dazhui acupoint
代替	dàitì	v.	replace
代谢	dàixiè	v./n.	metabolize; metabolization
抵御	dǐyù	v.	resist
碘伏	diǎnfú	n.	tincture of iodine
动作	dòngzuò	n.	movement
端午节	duānwǔjié	n.	the Dragon Boat Festival

E

恶心	ěxin	v.	nausea

F

防治	fángzhì	v.	prevention and cure
放松	fàngsōng	v.	relax
分布	fēnbù	v.	distribute
辅助	fǔzhù	v.	assist
负压	fùyā	n.	negative pressure

G

感冒	gǎnmào	v.	catch a cold/flu
感染	gǎnrǎn	v.	infect
高血压	gāoxùeyā	n.	hypertension
工艺品	gōngyìpǐn	n.	handicraft
公里	gōnglǐ	n.	kilometer
功能	gōngnéng	n.	function
功效	gōngxiào	n.	effect
滚法	gǔnfǎ	n.	the way of Gun

H

害虫	hàichóng	n.	pest
好像	hǎoxiàng	adv.	seem; look like
黑眼圈	hēyǎnquān		dark eye cricles
呼吸	hūxī	n./v.	respire; respiration
护士	hùshi	n.	nurse
滑	huá	v.	slip
滑板	huábǎn	n.	skateboard
化	huà	v.	melt
划伤	huáshāng	v.	gash
缓解	huǎnjiě	v.	relief
患者	huànzhě	n.	patient
火锅	huǒguō	n.	hotpot

J

肌肉	jīròu	n.	muscle
技术	jìshù	n.	technology; skill
既然	jìrán	conj.	since
肩峰	jiānfēng	n.	shoulder peak acupoint
肩胛	jiānjiǎ	n.	scapular point
肩胛骨	jiānjiǎgǔ	n.	scapula
肩井	jiānjǐng	n.	shoulder well acupoint
检测	jiǎncè	v.	check and measure
健身房	jiànshēnfáng	n.	gym
阶梯	jiētī	n.	step
尽量	jìnliàng	adv.	to the best of one's ability
经络	jīngluò	n.	main and collateral channels
经脉	jīngmài	n.	main and collateral channels
精神振奋	jīngshénzhènfèn		lighten up; feel refreshed
竟然	jìngrán	adv.	unexpectedly
酒精	jiǔjīng	n.	alcohol

K

| 科 | kē | n. | department; a branch of academic or vocational study |
| 咳嗽 | késou | v. | cough |

L

类型	lèixíng	n.	type
冷饮	lěngyǐn	n.	cold drink
礼品	lǐpǐn	v.	gift
理论	lǐlùn	n.	theory
力气	lìqi	n.	strength
凉拌	liángbàn	v.	cold and dressed with sauce
量	liáng	v.	measure; size up
流血	liúxuè	v.	bleed

M

名称	míngchēng	n.	name
模型	móxíng	n.	model
木本	mùběn	n.	woody plants

N

| 捏 | niē | v. | knead with the fingers |
| 扭伤 | niǔshāng | v. | sprain |

O

| 呕吐 | ǒutù | v. | vomit |

P

| 跑步机 | pǎobùjī | n. | running machine |
| 泡脚 | pàojiǎo | n. | foot bath |

碰头	pèngtóu	v.	meet
疲劳	píláo	adj.	tired
脾胃	píwèi	n.	spleen and stomach; taste

Q

气味	qìwèi	n.	smell
前锯肌	qiánjùjī	n.	serratus anterior muscle
清淡	qīngdàn	adj.	light; bland
清理	qīnglǐ	v.	clear
驱赶	qūgǎn	v.	drive out
拳头	quántou	n.	fist

R

热敷	rèfū	n.	hot compress
热身	rèshēn	n./v.	warm up
揉	róu	v.	rub with the fingers
揉法	róufǎ	n.	the way of Rou
入睡	rùshuì	v.	fall asleep
入乡随俗	rùxiāngsuísú		do in Rome as Rome does

S

神经衰弱	shénjīng shuāiruò		neurasthenia
神经系统	shénjīng xìtǒng		nervous system
神奇	shénqí	adj.	magic
失眠	shīmián	v.	insomnia

食疗	shíliáo	n.	dietotherapy
食用	shíyòng	n.	be used for food
使劲	shǐjìn	v.	put in effort; exert all one's strength
适应	shìyìng	v.	adapt
手肘	shǒuzhǒu	n.	elbow
受凉	shòuliáng	v.	catch a cold
输液	shūyè	n./v.	infusion/infuse
涮	shuàn	v.	scald thin slices of meat in boiling water
睡眠	shuìmián	n.	sleep
酸	suān	adj.	sour
酸痛	suāntòng	adj.	soreness

T

调料	tiáoliào	n.	seasoning
太极拳	tàijíquán	n.	a Chinese system of excercises
特别	tèbié	adj.	especially
疼痛	téngtòng	v.	pain
藤本	téngběn	n.	liana
提	tí	v.	pinch and pull upwards
提神	tíshén	v.	refresh
天宗穴	tiānzōngxuè	n.	T'ientsung
通	tōng	v.	clear; open up
通道	tōngdào	n.	passageway
吐	tù	v.	vomit

推	tuī	v.	push
推拿	tuīná	v.	massage
退烧药	tuìshāoyào	n.	antipyretic

W

畏寒	wèihán	n.	aversion to cold
胃口	wèikǒu	n.	appetite
温度计	wēndùjì	n.	thermometer
蚊子	wénzi	n.	mosquito
握紧	wòjǐn	v.	clench

X

细菌	xìjūn	n.	bacterium
下雪	xiàxuě	v.	snow
下肢	xiàzhī	n.	lower limbs; legs
限制	xiànzhì	n./v.	restriction; restrict
香囊	xiāngnáng	n.	scented sachet
消除	xiāochú	v.	eliminate
消炎药	xiāoyányào	n.	antibiotics
协调	xiétiáo	n./v.	physical coordination/coordinate
信物	xìnwù	n.	authenticating object
穴位	xuéwèi	n.	acupoint
学子	xuézǐ	n.	student
血常规检查	xuèchángguī jiǎnchá		blood routine test
血管	xuèguǎn	n.	vessel

血液	xuèyè	n.	blood
血液循环	xuèyèxúnhuán		blood circulation
循环	xúnhuán	v.	circulate
迅速	xùnsù	adj./adv.	quick/quickly

Y

哑铃	yǎlíng	n.	dumbbell
严重	yánzhòng	adj.	serious
炎热	yánrè	adj.	burning hot
炎症	yánzhèng	n.	inflammation
沿着	yánzhe	v.	along
咽喉	yānhóu	n.	laryngopharynx; throat
养生	yǎngshēng	n.	health preservation
药房	yàofáng	n.	pharmacy
药食同源	yàoshítóngyán		homology of medicine and food
药用	yàoyòng	adj.	medical
一股	yìgǔ	quant.	a smell of
衣袖	yīxiù	n.	sleeves
医师	yīshī	n.	physician
印记	yìnjì	n.	mark
尤其	yóuqí	adv.	especially
预约	yùyuē	v.	make an appointment
原来	yuánlái	adv.	original

Z

脏腑	zàngfǔ	n.	internal organs
扎	zhā	v.	stick into
战国时期	zhànguóshíqī		the Warring States period
针尖	zhēnjiān	n.	needle tip
针灸	zhēnjiǔ	n.	acupuncture and moxibustion
正好	zhènghǎo	adv.	just in time; coincidentally
症状	zhèngzhuàng	n.	symptom
植物园	zhíwùyuán	n.	botanical garden
止血	zhǐxuè	v.	stanch bleeding
肿胀	zhǒngzhàng	v.	swelling
重感冒	zhònggǎnmào	n.	bad cold
粥	zhōu	n.	one common type of oat cereal, containing dry rice, beans and dates cooked with water
主干	zhǔgàn	n.	main part
注射管	zhùshèguǎn	v.	injection tube
专门	zhuānmén	adj.	specially
转弯	zhuǎnwān	v.	make a turn
自然	zìrán	adv.	naturally
粽子	zōngzi	n.	rice dumpling wrapped in bamboo leaves
阻止	zǔzhǐ	v.	prevent